王紫杰老师同知名经济学家郎咸平教授同台分享企业战略

王紫杰老师与世界销售冠军乔·吉拉德同台分享

王紫杰老师跟世界谈判大师罗杰·道森同台分享

王紫杰老师接受中国最大新闻网站新浪网专访

王紫杰老师于广州主办“世界互联网峰会”

王紫杰老师通过前沿讲座把知识普及到百家电视媒体

一年增长
5000万元

亚狮龙男裤网

企业类型：OEM代工厂转型做自有品牌
yashilongfs.tmall.com

紫杰老师指导前

天猫店每月亏损……

紫杰老师指导后

扭亏为盈，在京东创造3项单品销售纪录，
一年之后，网店增长5000万元业绩

成功案例1 王紫杰老师指导“亚狮龙男裤网”一年增长5000万元业绩

90天业绩
增长6倍

高尼增高鞋网

企业类型：传统IT企业转型做网络独立商城
www.gony.cn

紫杰老师指导前

每月业绩不到10万元
网站成交率只有0.5%

紫杰老师指导后

90天业绩增长6倍，月销售额突破60万元，
成为增高鞋网购第一品牌

成功案例2 王紫杰老师指导“高尼增高鞋网”90天业绩增长6倍

成功案例3 王紫杰老师指导“今日英才教育网”实现一年9000万元业绩

成功案例4 王紫杰老师指导“惟有爱礼品网”实现30天业绩增长3倍

45天业绩
增长5倍

亚发毛巾加盟网 企业类型：在线消毒毛巾加盟网
www.yafaqx.com

紫杰老师指导前

网站转化率不到1%，
业绩不理想

紫杰老师指导后

网站转化率在45天内增长5倍，网站销售额由过去的20万元，增长为100万元以上

成功案例5 王紫杰老师指导“亚发毛巾加盟网”实现业绩增长5倍

投资1年赚到
100倍回报

道商文化传播网 企业类型：在线传统文化教育网
www.shengmingmima.com

紫杰老师指导前

老板没做过网络营销，完全属于
从零开始

紫杰老师指导后

网站业绩从零快速成长，一年之后帮助老板赚回100倍投资回报

成功案例6 王紫杰老师指导“道商文化网”投资1年赚到100倍回报

微店商业模式

王紫杰"互联网商业模式系列"3

"微店营销"帮您迅速倍增业绩

王紫杰◎著

中国财富出版社

图书在版编目（CIP）数据

微店商业模式／王紫杰著．—北京：中国财富出版社，2013.9（2015.1 重印）
（王紫杰“互联网商业模式系列”）
ISBN 978－7－5047－4787－7

Ⅰ.①微…　Ⅱ.①王…　Ⅲ.①网络营销—商业模式　Ⅳ.①F713.36

中国版本图书馆 CIP 数据核字（2013）第 192217 号

策划编辑	黄　华	**责任印制**	方朋远
责任编辑	刘淑娟	**责任校对**	饶莉莉

出版发行	中国财富出版社		
社　　址	北京市丰台区南四环西路 188 号 5 区 20 楼	**邮政编码**	100070
电　　话	010－52227568（发行部）		010－52227588 转 307（总编室）
	010－68589540（读者服务部）		010－52227588 转 305（质检部）
网　　址	http：//www. cfpress. com. cn		
经　　销	新华书店		
印　　刷	北京京都六环印刷厂		
书　　号	ISBN 978－7－5047－4787－7/F・2002		
开　　本	710mm×1000mm　1/16	**版　　次**	2013 年 9 月第 1 版
印　　张	12　**彩　插**　8	**印　　次**	2015 年 1 月第 2 次印刷
字　　数	129 千字	**定　　价**	36.00 元

前　言

微店时代已经来临

亲爱的朋友，我是王紫杰，你一定不能错过本书。因为，10 年一遇的超级商机，万亿级的全新市场机会，就在你的手中……

时势造英雄，伟大的企业都产生于伟大的时代！要想成就伟大的企业，成为“赢家通吃”的胜者，就必须抓住时代的机遇，抢占先机！

20 年前的“商店时代”，成就了“国美”和“苏宁”。

10 年前的“网店时代”，造就了“阿里”和“京东”。

这些巨头都在短短 10 年之内从零起步，成就了一番事业。

然而，99% 的企业家也同样干了 10 年，甚至 20 年，事业却毫无起色，不是他们不努力，而是他们没有掌握“成就伟大企业的天机”。

那就是“趋势”！

天下大势，浩浩荡荡，顺之者昌，逆之者亡！

你再拼命地划船，如果是逆流而上，你付出100%的努力，也只不过才能前进1%。

但是，如果你顺流而下，借风扬帆，就可以远行千里，毫不费力。

所以，真正优秀的企业家，要先“判势”，再“择势”，最后“顺势”。

所谓“判势”，就是“判断趋势”，了解中国乃至世界未来发展的趋势是什么。

而“择势”就是“选择趋势”，从众多未来的朝阳行业之中，选择最适合你的。

所谓“顺势”，就是顺应趋势，调整企业战略，围绕未来趋势及发展方向，全力以赴。

根据工信部统计，截至2013年5月22日，中国已拥有8.08亿移动互联网网民，规模远超普通PC机上网的5.64亿群体。

而在2012年，PC（桌面电脑或称台式机）网店创造了1.2万亿元的交易额。那么，规模远超PC网民的“手机网店”，其创造的价值也将远超1.2万亿元。

美国目前移动终端（也就是手机、平板电脑）的流量已经超过网站流量的50%，专家估计，未来的网络流量90%以上都将由这些移动终端完成。

换句话说，未来人们将直接使用手机等移动设备来上网购物。所以，得手机终端渠道者，得天下。

2013 年，我们正式进入“微信”“微博”等移动工具为平台的手机网店时代，我称之为“微店时代”。

人们将在手机上面完成一系列的交易及购物行为。包括商品查找、客服沟通、下单交易、在线支付、物流跟踪、售后服务……手机网店，就是“微店”。

如果你还不明白什么是微店的话，就仔细读读下面的案例。

美肤汇“微店”每天 1 万份订单

“美肤汇”化妆品在微信上面开通了“购物网店”，也就是“微店”，通过微信来拉粉丝，不到 1 年，已经获得了 80 万

粉丝。

“美肤汇”通过微信跟这些粉丝互动，激发他们的购物热情，到目前为止，这些粉丝每天通过微信下单超过1万份，每天有数百万元的销售额……

这极大降低了美肤汇的客户获取成本，而且客户长期与美肤汇品牌互动，大大加强了品牌信赖感与忠诚度。让美肤汇可以凭借更优质的服务，销售更高利润的产品，从而让企业有更快的发展。

所以，微店天生就是打造企业品牌、维护客户忠诚、创造高利润的超级商业终端！

微店就是架设在微信或微博这类移动平台上面的网店。

今天电脑网店能完成的动作，微店里全部都能完成。甚至在地面商店里的工作，很多也将被“微店”所取代。

所以，你不用怀疑，更不能迟疑。应该马上行动，把你的商品搬到手机网店里，也就是“微店”里！

领先竞争对手一步，让你的客户直接通过手机来完成商品的交易及购买。领先一步，就可以领先一路！

本书将完整告诉你，如何使用“微店”来轻松获得新客户，如何使用“微店”来促销产品，如何使用“微店”来赚大钱。

所以，即使你错过了“商店进代”以及“网店时代”也不要紧。在微店时代，所有竞争对手又重新站到了同一条起跑线上，无论是大象还是蚂蚁，大家都在面对着同一个新鲜事物。

只是，有人犹豫，有人观望，但我希望你是先知先觉者，抢占先机！

因为，使用“微店”来开发客户并赢利，比以前任何平台都要容易。所以，你要马上学习本书，开通你的“微店”！

“微店”最巧妙的地方，就在于它借助微信这类平台，借力营销，轻而易举地实现产品零距离地销售给客户。效率比商店及网店都要高很多倍。

当然，“微信”对你来说，也许仅是一个聊天、交友以及获取信息的工具，但是，在这本书里，我却要告诉你一套极为简单却非常有效的系统，可以让你手机中的“微信”变成超级赚钱机器。

请记住：微信让你沟通，微店让你赚钱！

作为中国最早从事互联网营销咨询的专家之一，我已经帮助众多企业通过微店等平台，实现了网络业绩的倍增。

紫杰老师成功案例节选

帮助“亚狮龙男裤网”（www.yashilong.com），仅用1年

就从亏损做到了5000万元业绩，成为广东知名的电商品牌；

帮助“今日英才网”（www.jryc.cn），实现一年9000万元的业绩，成为在线口才教育产品销量冠军；

帮助“高尼增高鞋网”（www.gony.cn），6个月内业绩增长30倍，成为高端增高鞋在线销量冠军；

帮助“惟有爱礼品网”（www.onlylove.hk），30天之内业绩增长3倍；

帮助“亚发毛巾网”（www.scyfqx.com），45天业绩增长5倍，一年增长3000万元销售额……

为了帮助企业家通过互联网快速赢利，我们开创了众多基于“微店”的互联网营销体系与商业模式。

而本书就是我们最新的研究成果。只要你能读懂本书的内容，那么，你也将成为下一个通过“微店”这个超级平台快速成长的受益者。

但是，需要强调的是：本书不是写给普通操作人员、中层管理者看的；所以，本书没有任何关于“微信”或“微店”软件的操作说明与使用指南；如果你需要了解这类相关知识，并学习深入的营销方法，可以来参加我们的面授课程。

本书侧重于移动网络时代的营销思维，重点讲述了微店营销本质，以及针对智能手机用户的营销战略。

经过多年的实践与研究，我发现企业界只有3种本质性的商业模式，其他的各种商业模式都是从中衍生出来的。

世界上最本质的3种商业模式

无论你从事的是何种行业，你可以问问自己，你目前的商业模式是什么。世界上最本质的商业模式有3种，分别是：

（1）客户模式：以客户为中心，通过产品及服务的销售来赚钱。

（2）资源模式：通过资源整合与交换来赚钱。

（3）资本模式：用钱来赚钱，通过投资、融资活动来赚钱。

本书主要的读者是中小企业，这些企业老板最关注的，还是如何获得客户、成交客户。因此，本书所研究的重点，就是“基于客户模式的微店营销系统”。

微店容易搭建，技术容易实现。但是，营销并赢利，才是难点与关键。

结合我们大量的营销实战，为了让企业的“微店”可以快速赢利，我们开创了“三微营销系统”。

本书着眼于“三微营销”的成功案例及系统原理，帮助企业家从零起步，快速掌握移动“微店时代”的全新营销法则。

所以，通过本书的学习，你会顿悟微店的本质规律，并轻松设计出一系列的营销手法及商业系统——这就是“授之以渔”的意义所在。

精彩内容摘录

（1）微店的本质营销模式：介绍微店时代，一切营销活动的本质架构，让任何不懂互联网的人也轻松成为微店营销高手。

（2）微店客户倍增术：海量引流，吸引客户的速成战法，让任何行业、任何产品都可以低成本吸引10倍新客户。

（3）零风险广告战法：如何零风险，甚至零成本去投放广告，从而让无穷无尽的渠道成为我们的“微店”推销员。

（4）最简洁有效的成交模式：让任何普通产品热卖的巧妙成交技巧，可以应用到微店平台之上。

（5）国内外最经典的以小博大实战案例：帮助企业实现超速增长的经典案例，激发你的营销思维与无穷创意。

本书将“由术入道”，真正开启你的营销天赋，不但让你玩转微信，更可以看透整个微店的营销内涵，从而创意出无尽的新方法与新模式。

如果您学习之后，想了解更多关于微店的营销方法，欢迎关注我们的微信公众号，公众号认证名称“王紫杰”，关注用的“二维码”如下：

那么，就让我们马上开始，进入精彩的“微店”世界……

作 者

2013 年 3 月

目 录

第一章

破解“微店营销”之奥秘

中国已经成为世界上移动互联网用户最多的国家，千万家中小企业的老板每天接触着微信、微博这类移动工具，感受其神奇的“社交魅力”。

但是，99%的老板只会使用这些工具来聊天或看新闻，却看不懂其营销的奥妙。

其实，微信或微博不仅是聊天工具、新闻工具，它更是伟大的商业平台，甚至可以说，它开启了商业历史上的“终端革命”“沟通革命”以及“促销革命”。

而微店就是架设在微信或微博这类移动平台上面的网店，所以，要了解微店营销方法，就必须先学习微信及微博这些工具的营销方法。

所以，微店营销，包括了“微信”营销、“微博”营销，而且更加符合企业促销产品的需要。

微信与微博异曲同工，本章将以微信为重点平台，概括性介绍微店营销的核心框架以及根本理念。

案例是最好的老师，我们先通过一个精彩的微信案例，来解剖移动互联网的营销本质……

第一节　微信病毒营销大策划

2013 年 4 月，我策划了一次“微信病毒营销”活动，帮助我们在没有花一分钱的前提下、在 24 小时之内让粉丝数量翻了一倍。

下面我把这场策划的过程，完整呈现在您的面前，它会让您深刻感受到微店营销的惊人威力。

发现客户

我策划这场活动所使用的微信公众号是“wangzijie168”，我把它发布在自己的微博、网站等对外宣传平台上面。

同时，在我的宣传资料、名片上面，也都印上了该公众号。利用这些渠道，我很快就获得了第一批公众号的关注者。

最初人数并不多，不过几百人。但是，这些人足够用来引爆市场，进行病毒式的快速传播了。

每一家开展微店营销的企业，都要尽快获得第一批精准客户，他们将成为你微信品牌传播的“星星之火”。

只要你运作得好，可以轻松发动一场又一场的活动，实现客户数量的几何级数倍增。

因此，做微店营销，第一步就是“发现第一批客户”，或者叫“第一批粉丝”。

接下来，就要开始让这些人帮你做“转介绍”，帮你做传播了。

10倍客户倍增术

微信公众号是“抓名单”的鱼塘，“微店”是“卖产品”的橱窗，“朋友圈”是“转介绍”的平台，所以，我们要综合利用这些工具，巧妙地让客户自动自发地转介绍，从而实现客户数量的倍增。

一旦你订阅了我的公众号，你就会看到一篇文章，极度吸引你的眼球：

微信10倍客户倍增术（仅限2小时有效，马上点开看）

①你想不花一分钱，通过微信获得10倍精准客户吗？

②你想让客户主动找到你的微信，并求着买你的产品吗？

③你想把微信由聊天软件，变成超级印钞机吗？

那么，你一定要一口气把本文读完。

因为，我将在本文揭秘“微信客户自动倍增术”，这是我独创的微信速成秘诀，帮助你不花一分钱，就获得海量的客户，并轻松把产品销售一空……

“微信10倍客户自动倍增术”上篇——策略篇

为了详细讲解“客户倍增术”，我把这套系统分为“上篇——策略篇”与“下篇——实践篇”。

上篇帮助你了解原理，下篇帮你把知识落地实践。

所以，你一定要根据顺序学习，缺一不可。

马上开始吧……

1.“公众号”的真正价值

客户就像鱼群，你要想把产品销售出去，就必须拥有自己的“鱼塘”——它相当于你的“客户数据库”。

数据库里的客户越多，销售就越容易。所以，公众号真正的用途，就是充当了“客户数据库”。

根据我的测算，一个公众号的关注会员，相当于100元人民币，所以，一旦你捕获了10万个精准“会员”，那么，你一年将至少赚1000万元——无论你销售什么产品，绝大多数行业都有类似的规律。

记住：“客户名单就是你的存款，公众号就是你的小金库”。要想“网上抢钱”，就要“手机里抢人”。

所以，你要尽快把潜在客户吸引到你的公众号上来。但是，该如何吸引呢？

请注意，无论你做什么产品，你的客户一定已经成为别人的客户了；你的鱼，一定已经在别人的鱼塘里了。

所以，你要想最快速度地扩张鱼塘，就必须寻找其他人的“鱼塘”，并巧妙地“渗透”进入别人的“鱼塘”，把别人的客户“钓”到自己的鱼塘里来……

但是，其他人的“鱼塘”在哪里呢？

2. “朋友圈”就是“超巨型鱼塘”

告诉你一个天大的好消息，你的海量客户，就在你的微信里，就在“朋友圈”里。

根据“物以类聚，人以群分”的原理，我们知道，每个客户身边，必有一群我们的客户。

所以，请你设想一下，假如你的公众号里面，已经有100个客户名单了。每个客户有200个好友，其中至少有20个可能就是你的潜在目标客户。

实际上，随着微信客户的好友数量不断增长，真实的潜在客户绝不只这么少。我们只做最保守的估计。

那么，你的潜在“鱼群”数量，应该是：

$$100 \times 20 = 2000$$

也就是说，100个现有客户，相当于100个小鱼塘，可以帮你汇集起2000人的中型鱼塘。

你会说，2000人也不多呀？

但是，你别忘了，这2000人，本身相当于2000个小鱼塘，我们同样也可以按照20倍来估计你的“潜在鱼群”数量：

$$2000 \times 20 = 40000$$

也就是4万个。你会说，那4万个也不多呀？你应该可以想到，4万个，也就是4万个小鱼塘，那么，我们还可以继续扩张下去，也就是：

$$40000 \times 20 = 800000$$

根据这样的算法，只要你能把千百人的小鱼塘整合起来，那么，你的客户数量就会像原子裂变一样，疯狂增长。

微信的用户数量，为何能在2年之内从零增长到3亿？

就是因为他利用了人与人之间的口碑传播，把每个人的朋友圈子都整合起来，把小鱼塘整合成超级鱼塘。甚至直接威胁了“中国移动”“中国联通”这些大佬的市场……

我上面的估算还算保守的，实际情况更为惊人——这种几何级数的增长，就是微店的“神奇基因”。我称之为“10倍速自动增长效应”，而本文所提出的“微信客户自动倍增术”，就是利用这种原理来实施的……

3. 任何人都可以“10倍客户自动倍增”

看上文我的分析，你一定很想知道到底该如何把千百名客户的小鱼塘“汇集”起来，都整合到自己的“公众号”这个大鱼塘里面来呢?

要想实现“鱼塘”的自动整合，关键就是要设计好“整合模式”。

传销机制之所以传播速度快，就是因为他们利用了人们“图利”的心理——但这种传播机制是非常有害的。所以，我们千万不要模仿这种组织模式。

我们应该以更巧妙的方式去传播信息、整合鱼塘，像新闻事件的传播一样。利用活动、公关事件等手段，自然而然地借助人际网络，借助朋友圈，就把信息传播出去了。只要信息传播出去，你的公众号也自然就获得了海量的客户。

这才是最有效也是最隐蔽的“客户倍增系统”。

任何人，任何行业，都有挖不尽的“新闻”，都有谈不完的“事件”，可供我们创造与传播。

只要你掌握了“事件”的策划模式，任何人都可以轻松实现客户的自动倍增……

那么，你此时此刻，一定想知道：到底该如何策划事件，才能让信息像病毒一样扩散，并自动实现客户10倍速的增长呢?

请马上学习"下篇——实践篇"，里面的内容会让你即学即用，马上实现客户的倍增，而且方法简单到不可思议。

想"免费"获取"下篇——实践篇"吗?

请帮我们一个小忙，好不好?

赠人玫瑰，手有余香哟。

①请帮我们将此文章转发到您的"朋友圈"吧，猛击右上角的分享按钮。

②添加关注官方账号"wangzijie168"。

③分享到朋友圈之后，请在"官方账号"里输入"转发成功"这四个字，我们将把"下篇"免费分享给您。

谢谢您的支持，马上转发吧!

【强调】

由于我们是人工审核，如果您没有转发，就直接在公众号里回复"转发成功"，那么，我们是不会赠送"下篇——实践篇"的。

此"免费赠送"活动，仅限3天有效，超时就收费了。

马上点击右上角"分享按钮"，分享到"朋友圈"里吧!

上述这篇文章发出去之后，客户数量如我们预期的那样，像滚雪球一球迅猛膨胀，效果甚至好得出乎意料。

但好戏还没有结束，让我们继续来了解这次精彩的微信客户倍增的策划……

口碑传播让微信客户暴增的技巧

当客户根据我们“上篇”的要求，转发到朋友圈之后，就会看到下篇，文章内容如下：

“微信10倍客户倍增术”下篇——实践篇

亲爱的朋友：

恭喜你，你已经获得了下篇的学习机会。这篇文章将帮助你了解策划“微信事件传播”、实现客户自动倍增的最巧妙方法。

我把这套方法归纳为以下三个步骤：

1. 启动

你要事先寻找一个拥有最初客户资源的微信公众号，或是微信私人号，上面应该拥有一批初始客户。

因为这些人将成为你的“第一代传播者”，帮你把信息传播出去。我们称之为“启动鱼塘”。你把信息首先发送给他们，然后他们帮你转发，所以，寻找这个最初引爆点的工作，就叫“启动”。

“启动”之后，就需要“传播”。

2. 传播

人们不会随便转载一些文章到朋友圈里，所以，你一定要策划具体的事件，诱发人们主动去转载与传播。

那么，什么样的事件，人们才愿意转发呢？

根据我的研究，我发现“有传播力的事件”，应该具备以下两大要素，我总结为“传播事件公式”：

有传播力的事件 = 有吸引力的主题 + 强大的利益驱动

第一，你应该策划一些有吸引力的主题，让客户看了你的文章标题，就欲罢不能，想马上了解内情。

第二，你应该设计“强大的利益驱动”，明确地告诉客户：“转发到底有哪些具体的好处。”

如果你不清楚“主题”和“利益”如何设计，就请回顾一下我们的上篇（策略篇），你想一下，你自己是如何被吸引进行转发，并且来看下篇（实践篇）的呢？

3. 促销

无论客户如何传播，我们最终的目的就是要把客户吸纳到自己的“鱼塘”里，并完成促销。

一般我们自己的“鱼塘”，就是“公众号”了。所以，需要我们尽快吸引客户进入我们的“公众号”，通过自己的公众号持续培育客户，并互动式地沟通与巧妙地促销。

就像“百流入海”一样，我们通过以上的策划，就轻松地把很多人的“小鱼塘”整合到我们自己的“大鱼塘”里。

综上，就是“启动→传播→促销”的完整流程说明。我们下面举例来说明，各种不同的行业该如何应用这套系统。

餐饮业如何使用“客户自动倍增系统”

比如，你想在微信里推广你的餐饮服务。那么，你可以这样设计：

(1) 启动：先注册一个公众号，把进入餐厅的客户都吸引来关注这个公众号，较好的关注理由就是“关注本餐厅公众号，结账时打9折”，这样就很轻松地获得了第一批关注者。

(2) 传播：通过公众号推送文章《不花钱吃大餐的绝妙点子》，这篇文章就是吸引别人浏览的，所以标题一定要很有“眼球吸引力”。文章内容大意就写：只要你转发本篇文章到你的朋友圈里，就可以获得本餐厅赠送的××代餐券一份，或是送一道好菜。

(3) 促销：让想领取代餐券的人，必须先关注本公众号，甚至跟客户说，如果你愿意把“微信朋友圈”个人封面，改成本餐厅的“公众号二维码”，那么就送价值200元的3人套餐一份。这样最终就吸引公众号客户在转发的同时，也要约朋友来本餐厅消费。

客户为了兑现“代餐券”，就一定会到本餐厅来消费，所以，本餐厅的客户就自然而然地倍增了。

B2C 服装网店该如何使用“客户自动倍增系统”

根据前面的模式，我们也很容易为 B2C 网店来设计倍增系统，以“服装网店”为例来说明：

（1）启动：首先，你的网店里必须放置上二维码，把以前进入网店的老客户，都抓到微信公众号上来。可以设置的诱因有“微信扫一扫，抢百万大红包”。

（2）传播：通过公众号推送文章《气死淘宝掌柜的 1 折购物砍价法》。这篇文章一定可以马上吸引你原来的公众号客户来看。在文章中，你同时要提到“转发有礼”的活动。比如，“转发到朋友圈，免费赠送 1000 元红包”。

（3）促销：让想领红包的人，先关注本公众号，同时，跟客户说：只要你坚持 7 天转发本公众号的当日文章，就可以参加抽奖，最高大奖就是 iPad 一台。这样客户帮你持续转发的同时，你也完成了产品的促销。

B2B“工业涂料”大单产品如何使用“客户自动倍增系统”

B2B 类型的产品不太容易促销，比如工业设备、原料、机械、半成品之类的，成交金额比较大，成交周期比较长。所以，微信主要用来培育信赖感。但使用微信来倍增客户，其目的也可以达成。比如，你是推广“工业涂料”产品的，目标客户以“手机代工厂老板”为主。那么，你可以策划以下活动：

（1）启动：开通公众号，把以前的老客户，或是微信上面的好友，都添加上来。

（2）传播：通过公众号推送文章《手机代工厂老板打死也不说的降成本内幕》。这篇文章吸引客户浏览的同时，也鼓励他们转发，一旦转发成功，就赠送一套《手机代工厂成本控制手册》作为赠品——当然是电子书啦，这样可以降低印书成本及配送成本。

（3）促销：鼓励新的手机代工厂老板关注本公众号之后，在《控制手册》里，赠送“降低成本”地面探讨会门票，通过地面会议营销的方式，来推广本厂的“工业涂料”。

以上就是“微信客户自动倍增系统”的实战步骤，希望大家在实践之中不断应用它，它将帮助你们快速倍增业绩，而且毫无风险。

欢迎关注本公众号，添加关注官方账号“wangzijie168”。

让我们一起交流提高……

这篇文章就是微信客户转发之后才能看到的文章。它跟上篇——策略篇合在一起，形成了完整的微店营销的经典案例。

这个案例的操作过程，实际上就是下篇——策略篇所揭示的“启动”“传播”“促销”的3步操作法。

下面，我们通过对这个案例的分析，再结合我们自己实战的经历，提出一套非常有效的微店营销系统。这就是“三微营销模式”。

第二节 “三微营销”系统概述

无论你销售任何产品，互联网最大的魅力，就是可以轻松帮你获得海量客户。

所以，在产品同质化竞争的时代，企业竞争的重点，由产品端转向“客户端”，只要你拥有海量的精准客户，你就一定能够轻松赢得竞争。

根据这种观点，我们提出“鱼塘财富论”，它是指导我们开展微店营销的基础知识。

“鱼塘财富论”简要介绍

“鱼塘财富论”是作者本人提出来的一套网络营销理论体系。其基本的观点即以下三条：

(1) 客户数据库是企业的小金库；

(2) 客户名单就是企业的存款；

(3) 客户对企业的信赖，是企业永恒的财富。

(注：关于“鱼塘财富论”更详细的内容，请阅读《互联网万能商业模式》一书)

“三微营销”框架

“鱼塘财富论”体系里“企业的核心资产”，就是客户数据库。

在微信平台上，你的好友名单，你的公众号关注者，就是你的客户数据库。

所以，结合前面介绍的“微信客户自动倍增案例”，我们可以归纳如下：

- 把“启动”看做是“吸引客户进入数据库/鱼塘”的一个动作，我们放大“启动”的范围，把所有吸引客户进入我们微信号的动作，都统一称之为“引流”。
- 把“传播”看做是“让客户转介绍、传播信息，逐步强化沟通的过程”，我们简称“沟通”。
- 把“促销”看做是“使用微信来销售产品的过程”，依然称之为“促销”。

所以，我们可以把“启动”“传播”“促销”3 个动作的内容组织起来，结合"微信""微博"的"微"字特征，于是开创了"微引流""微沟通"以及"微促销"的"三微营销系统"，其框架如图1所示：

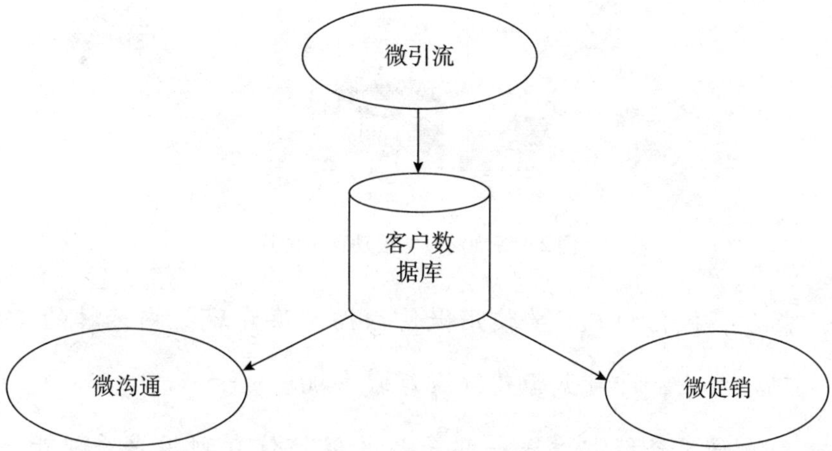

图1 "三微营销系统"框架

无论你从事何种行业，目标客户是何种人群，基本上微店营销的奥妙都涵盖在上面这个框架图之中。

你只要把自己的产品信息与这个框架图结合，就可以轻松策划出属于自己的"客户自动倍增系统"。

让我们通过下面的案例来了解"三微营销"的落地过程：

深圳海岸城"免费获得微信会员卡"活动

深圳大型商场"海岸城"推出"免费获得微信会员卡"

图 2　深圳海岸城活动现象图片

活动，微信用户只要使用微信扫描“海岸城”内悬挂的二维码广告条，即可免费获得海岸城手机会员卡。

除了会经常推送一些产品的促销信息到用户手机上外，他们还鼓励会员在“微信朋友圈”功能里分享他们的优惠信息。

所以，商城内悬挂的“二维码”广告条，就是“微引流”；把商城内来自地面的客户，吸引他们注册，关注“微信公众号”，从而获得“微信会员卡”。

同时，他们经常鼓励会员把优惠信息在“微信朋友圈”分享给别人，并经常发布优惠信息——这就属于“微沟通”，很自然地跟客户及其朋友圈进行互动分享。

用户手持“微信会员卡”到商城来购物，享受优惠折扣——这就属于“微促销”。而且是非常频繁的“重复消费”。小小的“微信会员卡”可以把客户留住，并长期稳定促销。

这就是一个非常典型的“微引流”“微沟通”“微促销”的“三微体系”。

这套体系已经有成千上万家企业都在实践，它们落实“三微营销”，从中迅速受益。

下面，我们来分别介绍“微引流”“微沟通”“微促销”的内涵以及操作思路。

一旦你掌握了“三微系统”，那么，任何产品、任何客户、任何行业都可以通过微店快速提升业绩。

“微引流”策略

“微引流”定义

“微引流”是指在一切可能接触到目标客户的地方，都要放置你的“诱饵”，吸引目标客户“关注你的公众号”，从而进入你的客户数据库。

“微引流”有两大要点：

其一，“一切可能接触到目标客户的地方”——这是快速构建客户数据库的“目标鱼塘”。无论客户在“天上”（互联网上)，还是在“地上”（地面街铺)，都要想尽一切办法把客户“截留”下来。

其二，“利用诱饵，吸引客户注册”——如果没有好处，客户是不会关注你的公众号的，也不会进入你的“鱼塘”。所以，你一定要给好处，放鱼饵。

诱饵可能是“折扣”，可能是“赠品”，也可能是其他的好处。总之，一定要舍得投资，这样才能最快速地构建起自己的鱼塘。

现在很多商家在大楼外面挂起巨幅的二维码广告；在电视广告之中也打出“微信二维码”；在产品包装外面也印上“二维码”……

微店把一切跟人接触的事物，都变成了“销售终端”；从而彻底颠覆了过去“卖场”的观念。

所以，“微店”是一场革命性的营销工具。让我们先来了解一个非常经典的“微店”案例：

韩国乐购的“地铁虚拟超市”

2011 年，连锁超市 Home Plus（全球零售巨头 Tesco 在韩国的品牌）在韩国推出了一种新奇的虚拟超市。消费者不再需要专门花时间去实体超市进行购物，利用等地铁的间隙，

图3 地铁虚拟超市

即可轻松完成购物过程。

Home Plus 在地铁站台的防护玻璃墙上贴上了印有各色商品的平面海报，顾客遇到心仪的产品时，只需拿出安装有 Home Plus 客户端程序的手机，将摄像头对准每件商品上的二维码进行拍摄，应用程序会将拍摄的商品放入电子购物车，再用手机银行进行结算，超市就会在顾客下班以后将其订购的商品送货上门。

Home Plus 的报告显示，活动期间线上收入增长了 130%，超过 1 万名忠实的顾客在地铁站里完成当天的采购。

虚拟超市的推出使 Tesco 在不增加实体店面的前提下，成为韩国在线第一超市，线下的业绩也非常接近第一名。

Tesco 的这一创意赢得了 2011 年戛纳媒介类金奖。

上面的案例仅是“微店”系统之中“终端革命”的小试牛刀，它未来将改写众多行业的商业模式。

总之，只要是跟客户接触的地方，都要印上你的“微信二维码”，让一切接触点都成为抓取客户名单的终端。

这就是“微引流”的奥妙。

“微沟通”策略

“微沟通”定义

“微沟通”是指通过微信“公众号”“朋友圈”以及微博等移动工具，跟客户进行互动沟通，并鼓励客户分享信息，从而实现信息的扩散与传播，建立对品牌的信赖感。

简言之，“微沟通”就是“互动交流以及转介绍”。让客户主动告知身边的朋友。从而一传十、十传百，在人际圈之中快速、低成本地传播信息。

这里面有 3 个关键点：

（1）产品/服务的品质，必须让第一批客户满意，从而让客户发自内心地对产品认同。

（2）要设计传播与分享的“驱动力”，从而让客户自动自发地去分享信息、告知朋友。

（3）所传播的信息载体，必须符合客户习惯，让客户很容易接纳并分享。

这三个关键点就是“品质”“驱动力”以及“载体”。

我们把前面的“微信客户倍增案例”结合这3个要点来理解，你就会马上明白为什么我们能轻松获得海量客户转介绍。

其实，我们一开始的客户数量并不多，但是，“上篇——策略篇”发出去之后，引发客户马上阅读，并感觉非常有启发。

所以，他们才会产生想要了解完整操作知识的欲望。因此，“上篇——策略篇”的内容，必须有启发，有价值，让人感觉值得花时间去转发，也值得花精力去争取后半部分。

因此，你要想鼓励人们转发，就要先让产品品质及服务（包括转发的内容）具备一定的价值，必须让人们感觉满意。

此外，人们之所以愿意主动帮助你转介绍，一定是有“目的性”的，主要有3种：

（1）为了佣金等经济利益；

（2）为了自己的其他好处；

（3）为了帮助亲朋解决问题。

如果他是为了“经济利益”，那就有点类似于“推广者、加盟商”；如果是为了“自己的好处”及“帮助亲朋”，那么就构成了“社交行为”的驱动力。

在我们前面的“微信客户倍增案例”里，很明显“经济利益”是不太可行的。

但是，基于后两类情况的“转介绍”是很可能的。所以，我们应用的驱动力，就是：为了自己可以获得“下篇——实践篇”。

非常简单，也非常有效。

同时，转发文章也极其简单，只要按个按钮，一秒钟就搞定了。所以，转介绍起来也非常容易——因为微信这个载体，本身就最适合信息的传播与转发。

综上，我们知道，要想形成“微沟通”之中的大规模转介绍，就要同时满足“产品品质”“驱动力”以及“载体”这三大条件。

只要你悟透了这里面的奥妙，让企业通过转介绍实现客户倍增，实在是太容易了。

比如，请看下面的案例：

小饭店如何用微信实现业绩倍增

成都有家叫“77 台湾 BBQ”的小酒馆，老板利用微信来转介绍业务，任何人在饭店付账埋单之前，老板都会鼓励客户将本饭店的公共账号发到朋友圈，这样现场就可以获得 7 折优惠。

此策略极度有效，不到两个月的时间，小酒馆从推广前每天 30 桌，就扩展到了每天 60 桌，业绩翻倍。

以上就是“微沟通”策略的简单介绍，后面我们还有详细的分享，帮您实现业绩的迅速增长。

接下来，让我们来研究“微促销”。

“微促销”策略

“微促销”定义

“微促销”是指使用持续而隐蔽的方式，鼓励客户反复购买，并且不会产生厌倦。

“微促销”要注意两点：

（1）促销的方式要“持续”而“隐蔽”；

（2）要经常变换促销手法，从而不会让客户产生疲劳及厌倦感。

很多商家使用微信来促销产品，就是直接用公众号来发送销售资料，希望客户看完产品资料就来购买。

这种“简单粗暴”的促销方式，是根本行不通的。

因为微信开启的是“圈子营销”，客户就是“朋友”。你怎么能在朋友之间，随便促销产品卖东西呢？

所以，乱发广告的人会发现，每发一次广告信息，其粉丝数量就少了一批。客户基本都很反感收到垃圾广告，所以，会直接把发广告的公众号“取消关注”。

因此，千万不可太明显地促销——而应该“微促销”，即隐蔽而巧妙地促销。让成交发生在不知不觉之中。

要想实现“不知不觉”的成交，不是等待客户自己来买，而是根据成交流程，设计更隐蔽的成交系统。

在“鱼塘财富论”里我们学过，整个“顾客欲望周期”模型中，最困难也最耗时的环节，就是“信任培育”期。

想缩短成交周期，就必须大力压缩“信任培育”期——而最直接有效的方法，就是改善“沟通”的手段。

所以，很多公司感觉微信促销过程太慢，于是就配合上打电话沟通——这是有道理的。

但打电话有时成本太高，甚至会对客户造成骚扰，所以，更理想的方式，就是通过“微信”来释放鱼饵，配合“鱼饵营销”的手段，来实现快速成交。

让我们从一个美国超级销售员身上寻找启示……

布兰达的净水机销售妙计

布兰达只是美国千百万名行政女秘书之中的普通一员。39 岁的她对于已经做了 10 年的秘书工作感到厌倦，她主动申请，由公司的行政部门，跳到了一线销售员岗位——销售公司生产的一款家庭用的净水机设备。

这种净水机设备质量突出，但价格不菲。普通美国家庭还无法接受售价高达800美元的净水机。

所以，在布兰达刚开始从事销售的3个月内，一台净水机也没有卖出去。这让她的同事以及她的家人都感觉：她不适合做销售。

但布兰达没有放弃。她反复在分析顾客拒绝的原因，思考可能的解决之道。后来，她想出了一种有效的推销方法——"免费水质检测服务"。

做起来很简单。她开着车，把空水瓶放到顾客家门口，在上面贴纸条：

"每个家庭的饮用水都含有不同成分的有害物质，我们公司愿意帮助您免费检测。请您把家中的饮用水装入此瓶之中，我们晚上回收后，第二天就告诉您结果……"

很多家庭对于自己的饮用水都比较关心，担心出现有害物质。所以，对于"免费检测"都不会拒绝。

于是他们主动把水倒入瓶中，放回门口。由布兰达晚上收走。第二天再把检查结果电话通知给顾客。

几乎每个家庭的饮用水都是有问题的。所以，布兰达快速跟进，在第三天就开始电话回访、促销净水机产品；20%接受免费检查服务的顾客在第4天、第5天就会开始购买。

于是，布兰达轻而易举地在第 4 个月获得了突飞猛进的业绩增长，成为公司的销售冠军……

这个案例非常经典，你一定要认真考虑整个过程，为何高单价的产品，居然可以如此轻松地销售出去?

实际上，她就是使用了“推送鱼饵”的方式，实现了快速成交。

时代虽变，原理未变。无论是电话营销时代，还是微店营销时代，普通公司的推销策略，一般如下所示：

普通公司推销步骤

“①微信沟通”→“②电话沟通”→“③挖掘有意向客户”→“④电话跟进客户”→“⑤销售成交”

普通公司要用 5 ~ 6 个步骤才能成交。但是，布兰达只需要 3 个步骤：

布兰达推销步骤

“①放置空瓶”→“②回收待测瓶”→“③电话反馈并促销”

她省略了大量的无效沟通步骤，一切以释放鱼饵为核心，只要客户参与水质检测这个“鱼饵”，成交就水到渠成。

大多数客户都是懒惰的，所以我们绝不能等待客户“主动咨询水质”，更不能等待客户“主动要求购买”。

布兰达没有理会顾客是否愿意接受“免费检查服务”，她直接把空瓶子放到了顾客的家门口。所以，第二天就可以开始反馈并促销。

而大多数公司只是被动等待客户来“领取代金券”，等待客户来咨询服务，等待客户来买——这是效率极低的做法。

两者的区别可以概括为：

（1）布兰达是基于“推”式促销的；

（2）普通公司是基于“拉”式促销的。

顾客大多是消极而被动的，即使他们明明需要某个产品、某种服务，但是，他们也往往等到“火烧眉毛”时才付诸行动。

因此，布兰达的成交速度，要大大快于其他人。

在使用“微信公众号”来发送促销信息时，一定注意促销的内容要“有张有弛”，最好是有另类的“鱼饵”设计，帮助客户很容易作决策。

就像布兰达一样，主动把“鱼饵”推送到客户面前，吸引客户马上付诸行动。

千万不能生硬地卖东西，那样只会迫使客户“取消关注”。当然，也不能太拖沓地卖东西。

而应该以“鱼饵”为核心，对客户进行快速地促销、快速地跟进与成交。

这就是“微促销”的基本逻辑与原理。

结合我们前面的知识，我们现在把“三微营销”进行一次更加全面的梳理。

“三微营销”全面梳理

“微引流”：借力媒体、异业联盟商家等一切“目标鱼塘”，来释放“鱼饵产品”，从而吸引潜在客户进入自己的数据库；

“微沟通”：利用公众号等工具，跟客户持续互动沟通，同时给予适当的驱动力，促使客户转介绍。

“微促销”：结合“推”（主动上门）与“拉”（吸引顾客索取）二力，由“鱼饵产品”的体验开始，引出“赢利产品”的消费，实现企业的收益。

在开始微店营销之前，你一定要规划好自己的“三微体系”，把每一步都设计出详细的实施策略与方法。

只要你组合使用“三微系统”，就可以轻而易举地获得海量精准客户，并大大提升产品的销售效率。

更重要的是，你会越做越轻松——因为，你的使命就是搭建起这样的体系，然后分别优化每一个环节，直到全面实现“自动化”。

我建议你把本章前面的案例重读一遍，然后绘制出“系统框架图”。你绘制的过程，就是加深理解的过程。

这本书就是为了帮助你理解“微店营销”的奥秘——它并不神奇，只是多个模块的组合过程。

所以，为了加深你对于“各个模块”的理解，我们从下一章起，开始更加深入地探讨每个部分。

下面，就让我们进入更加奇妙的微店营销世界……

第二章

“微引流”之业绩疯涨奇迹

微信、微博这类工具最大的魅力，不仅在于拥有海量的客户，更在于它锁定了亿万消费者的眼球及时间，已经成为全新的商业销售终端。

20年前，地面的商场是销售的终端，所以，厂家争夺这些商场的店面，于是国美、苏宁迅速崛起，成为连锁巨头。

但时至今日，这两大电家连锁巨头的地面店业绩却每况愈下，关店数量持续增加——不是团队差了，不是资金少了，而是趋势已经转向了。

10年前，互联网成为成本更低廉的销售终端，于是，千万家企业又入驻天猫、京东等网店平台。电商平台孵化了一大群品牌新军。

然而，时至今日，手机已成为全新商品销售终端，这个终端拥有比前两个终端更广泛的客户群体，以及更强大的客户黏性。

在商品同质化竞争的时代，“终端为王”——谁能用最低的成本、最快的速度抢驻手机终端，谁就是“微店”时代的王者。

但是，仅靠自己的力量、自己的“终端”来抓取客户名单，来吸引客户进入我们的“鱼塘”，是远远不够的。

我们需要大规模整合资源，把一切有用的终端都整合起来，把客户“引流”进来。

在本章里，我们将从本质上了解“终端”的根本意义，再结合微信等工具来寻找真正有效的“微引流”方案……

第一节　18个月疯长650倍的商业奇迹

无论时代如何变化，无论营销工具如何升级换代，只要人类的大脑工作原理不变，那么人们购买的决策机制就不会改变，因而营销的本质就不会改变。

普通营销人员太过于关注工具的操作技巧，也就是所谓“术”的东西。但是，真正的企业家应该更多地了解“道”的奥妙。

“微引流”作为吸引潜在客户的策略，它的应用原理跟过去的电视、广播、报纸、直邮……都是完全一样的。

“了解历史，就是了解未来”——在微信、微博推广花招层出不穷的今天，我们反而要回首过去，看看国内外那些曾经创造过真正辉煌成功的营销案例，从这些经典战役之中寻找今天的答案……

疯长650倍的商业奇迹

在了解“微引流”策略之前，让我们先来了解一个非常成功的美国商业逆转案例。

18个月疯长650倍的商业奇迹

美国“冰热”是一家销售止痛药剂的公司，他们的产品主要治疗一些常见的外伤并止痛，类似于创可贴一类的常用医疗品。

由于经营不善，当布莱恩·奥尔接手这家公司的时候，他们已经濒临破产的边缘，几乎停止了一切业务。

作为企业经营专家，布莱恩·奥尔并没有打算借用外部的投资来挽救“冰热”，他希望利用公司自身的资源实现“自救”。

在思考如何挽救“冰热”时，他注意到，公司持续收到来自男女老少的信件，异口同声地说：他们长年购买“冰热”的产品，期盼“冰热”要继续销售其产品；因为“冰热”止痛贴是他们保障手脚正常活动、减缓疼痛的唯一选择。

这些信件给了布莱恩·奥尔极大的信心。他知道自己选择了一家非常有潜力的公司——他们不缺好的产品，只是没有合适的营销策略。

“我们当时没有多少钱！”布莱恩说：“但是，我们拥有一套营销理念：不为宣传付费，只为‘结果’掏钱！”

“冰热止痛膏”每瓶售价3美元。布莱恩找到大量的媒体，包括1000多家广播电台、电视台和杂志。发动分类广告、直邮订购公司，以及各种非传统的宣传渠道。

他跟这些媒体说：把“冰热”销售给你自己的客户吧，因为：

（1）“冰热”不是你现有产品的竞争者，它只会增加你现有产品的价值；

（2）“冰热”每瓶3美元，如果经由你们销售出去的话，你可以获得100%的佣金，就是说，保留所有3美元在自己手中，而无须负担任何成本。

布莱恩无须这些销售者负担任何生产成本及配送成本，只要求一件事：把“冰热止痛膏”购买者的姓名及地址寄回来。以便购买者可以及时获得止痛膏产品，并得到满意的售后服务。

注意，为什么布莱恩要这样做呢？

因为，布莱恩从过去的数据分析中发现了顾客的“终生价值”。具体来说，每2个顾客中，就会有一个人持续购买，基本上会在一年之内买10次，从而为公司贡献25美元的净利。而售价为3美元的止痛膏，其实际生产成本加物流成本，仅为45美分。

每当公司寄送产品出去之时，都会送一些其他产品的购买优惠券。公司每送出 100 张优惠券，不仅会收获 50 个订单，还会有20 个订单是采购其他产品的。因此，看上去，公司损失了很多的“45 美分”现金；但实际上，除了第一次销售外，公司在后续的销售上获利颇丰。

布莱恩说：“我们从来不做广告预算，我们实际上拥有无限的预算——因为，我们只为销售成果付费，而不为广告埋单。”

换句话说，“3 美元就是我们的广告费用”。

如果这种“3 美元全保留”的销售模式出现业绩下降时，公司甚至支付 3.45 美元的实际成本，以支持“3 美元止痛膏”的产品销售。

每个同行都认为他们疯了，但是，他们却把每年业绩仅为2 万美元的小公司，发展成为年销售额1300 万美元的企业，成长了650 倍，而仅花了 18 个月的时间。

最终，该公司成功地高价转售给了宝洁公司，从而实现了神奇自救并完美退出的经典案例……

“冰热”案例是美国最经典的营销案例之一。虽然已经过去了20 余年，但仍有诸多值得借鉴之处。

尤其是其中使用的“100% 佣金制”，算得上是一种魔术般的营销技术。

正是借助这种策略，布莱恩把一家每年业绩仅为 2 万美元的濒临破产的企业，变成年销售额过千万美元的优秀公司，而没有花一分钱广告费。整个过程仅仅用了 18 个月。

真的有点让人感觉不可思议。

下面，就让我们全面解剖这种神奇的营销手段……

深入理解“终端”

布莱恩所操作的“冰热”的销售渠道，与现在销售男士衬衫、母婴用品、电脑等公司都类似，采取“直邮”的方式来直接销售。

正常来讲，像“冰热”这类的药膏，应该走超市、7－11、药店之类的分销渠道。但是布莱恩却与众不同，没有走药店的渠道，而是采取邮购的方法进行直售。

为什么呢?

大家记住我们一直以来奉为圭臬的一句话：接触点即“销售渠道”!

“接触点”就是“顾客与你沟通、与你接触的地方”。

“冰热”要的不是超市，而是与顾客沟通的工具。

“冰热”要的不是药店，而是直接向顾客宣传的平台。

“冰热”要的不是所谓的传统渠道，而是可以让顾客到处都能接触到“冰热”产品信息的媒介。

也就是说：“冰热”要的是以最低成本及最高效率，实现与海量顾客直接接触的终端。

一切能跟客户接触的点，都是我们销售产品的终端。

微店与“零售革命”

微店最大的价值在于，他们把一切接触目标客户的媒介，都变成了“成交的终端”。即“所见即所得”模式——你只要看到产品信息，就马上可以用手机下单购买。

于是彻底颠覆了过去的“看到买不到”的难题。

以前，人们购买的顺序是：“先看到广告→再寻找卖场→最后购买成交”。也就是说，“媒体”与“销售终端”是完全分裂开来的。

但是，微信、微博的兴起，改变了这一切。它以手机为载体，把一切媒体都变成了“卖场”，让产品的销售与宣传展示完美融合在一起，从而掀起了零售的革命。

实际上，这种“所见即所得”的思想，在“冰热”案例之中就已经得到展现——它大大拓展了“渠道”的概念。

同时，它让“渠道”以无处不在的模式，渗透到顾客的生活之中。

顾客今天在报纸上看到了“冰热”的消息，没有动心；

顾客第二天在杂志上又看到了“冰热”的消息，没有动心；

但是，当他第三天收到“冰热”的促销信时，可能就要开始动心了。

我们常说“7 次拜访所成交的顾客比率最高”——这句话的真正含义是：增加与顾客沟通的次数，就能提高成交率。对“冰热”这类常用医疗品来说，“增加接触点就能提高成交率”。

所以，布莱恩知道，如果像其他产品一样使用药店之类渠道的话，只能缓慢增加销售。不利于“冰热”在短时间内增加与顾客的接触点，不利于直接收集顾客信息，不利于直接了解顾客需求，更不利于重复向顾客促销——说得直接点：濒临破产的“冰热”已经等不及了！

多了一个分销的层次，就多了一层信息的过滤器，对于“冰热”这种濒临破产的企业来讲，是“远水不解近渴”。所以，“邮购”就是布莱恩经过深思熟虑后的选择。

今天，我们讲解的“微信与微博平台”，就是最优秀的渠道；当今世界，人类最伟大的发明之一，就是移动互联网。

它是最高效的“渠道”，也是最便利的“接触点”，更是天生的“直接销售”的平台。

借鉴“接触点”的思想，好渠道有以下两条标准：

（1）覆盖面广：高效、低成本地与最大量的顾客接触。

(2) 持续性好：高效、低成本地与每个顾客持续接触。

布莱恩为“冰热”选择了“广告”“电视台”等传统媒体。在当时条件下，那就是最好的接触目标客户的“接触点”——也就是“最好的渠道”。

但是，时至今日，微店就是最理想的“终端”，既能有广大的覆盖面，又有优秀的持续性。所以，我们今天又容易使用微店来扩大我们的产品终端。

在“冰热”案例之中，锁定了这些大量广告媒体“接触点”之后，下一步要解决的问题就是：该如何激发这些“接触点”的行动力，让他们帮“冰热”拼命促销……

第二节　只为结果掏钱的广告模式

每当老板想到“推广产品”时，往往先想到“掏钱投广告”——这种传统思维害得很多企业损失掉了无以计数的广告费用。

我们的确需要推广产品，也需要投广告，但是，我们完全可以换一种思路做“广告”，少花钱，甚至是不花钱来做广告，这样就反而获得了无穷无尽的广告资源……

“冰热”的布莱恩说：“我们不为广告付费，而只为结果掏钱。”

这句话是什么意思呢？

简单来说，就是，不直接花钱做宣传式的广告。花钱做广告，来打动顾客掏钱购买——这是传统的做法。

这种做法最大的问题正如那句广告界的名言：

我知道有一半广告费被浪费掉了，但我不知道被浪费的是哪一半。

所以，布莱恩不做这种“浪费一半广告费”的投入，他采取的是“反其道而行之”的做法——即“逆向广告投资法”。

逆向广告投资法

彼得·杜拉克说：“正向思维反映了事物的普遍规律；逆向思维反映了事物的本质规律。”

采取普通做法的人，也只能获得普通人的财富；

采取逆向做法的人，却能获得超越普通人的财富。

布莱恩喜欢逆向思维，他说：“不为广告付费”。那他把钱花在哪里呢？

他为“具体的顾客名单”付费。

每份“冰热止痛膏”的售价是 3 美元。然而生产及配送，总成本约 45 美分，只要有人把顾客的姓名及地址寄回来，他就把药寄出去——相当于用 45 美分买到了一个精准的顾客名单，而且是已成交顾客名单。

所以，他绝对没有浪费一分钱。因为，他采取的是一种“逆向广告投资”。

即为每一个确切的顾客名单掏钱。

这也就是微店时代的营销理念：

不要卖产品，而要买名单！

只有最精准的客户名单，才是企业最根本的财富之源。

布莱恩是如何“买名单”的呢？

他找到各大杂志、直邮公司、电台、电视台，请他们为“冰热”做广告。正常情况下，在这些媒体里做广告是要付费的。但是，布莱恩却采取了与众不同的合作方式。

在每家广告媒体里，都有一些比较冷门的广告位置，或是“冷门时段”。与黄金时段比起来，商家不愿意在这些时段投资。认为价值不大。因此，这些时段或位置就成了“垃圾”。

但是布莱恩却发现了“垃圾”里面的商机。

他跟各种媒体公司说：

“在你卖不出去的广告时段、广告位置里，或是在发出的广告信里，插入一些关于冰热的信息吧。

“反正你也无法从这些时段或是位置赚出钱来，为什么不变废为宝，销售我们的冰热产品呢？

“虽然我不会掏钱来买，但是，如果有顾客通过你的广告来买冰热止痛膏的话，你就可以保留所有销售出去的‘冰热止痛膏’的销售款。也就是，每份 3 美元的销售款，你可以直接从顾客手中收取，而不必再转交给我们。

“你们相当于不用额外投资任何费用，仅是利用现有的闲置资源，就可以增加收入，而且没有任何风险。

“更有利的是，你们只要把顾客的姓名及电话寄给我们，我们还会承担产品的邮寄及售后服务工作。你们没有任何后续的麻烦与手尾。这是只赚不赔的买卖呀……”

为了吸引广告媒体与“冰热”合作，有时布莱恩甚至还会额外支付这些媒体 45 美分。相当于，这些广告媒体每销售一份“冰热止痛膏”，就可以毫无风险地赚到纯利 3. 45 美元。

各位亲爱的朋友，你一定要仔细分析好这个案例。想一想，为什么广告媒体愿意与布莱恩合作？

在布莱恩这种做法之前，从来没有人曾经这样做过，将 100% 的佣金给广告商。更从来没有商家敢支付超过产品售价的佣金给代销者，就是说，你销售一份产品，我支付给你 3. 45 美元，就是 115% 的佣金提成。

即使到了 20 多年后的今天，也很少有商家敢于这样营销，难道是“冰热”疯了吗？

疯狂的 100%佣金制

“每销售一份，广告商保留 100% 销售收益”——相当于“冰热”公司承担了所有的销售风险及成本。

正常人怎么敢这样做销售呢?

布莱恩的提议对众多广告媒体来说，无疑是无法抗拒的。所以仅在一年之内，“冰热”就与超过1000家媒体达成了合作协议，这些媒体有杂志、报纸、电视台、广播电台、直邮商等。

人多力量大，土豆多了也是宝。布莱恩充分调动这些媒体的垃圾资源，变废为宝，立即促成了“冰热”在全美的广告旋风。人们到处都能听到、看到、了解到“冰热”这个止痛膏产品。

所以，“冰热”没有出一分钱，就在一年里，产生了超过1000万次的曝光率。

借用这些免费广告，“冰热”无须外派任何一个销售员，而只是增加了一些电话服务员，就产生了惊人的效果。

每天，“冰热”都能得到5000~10000个来自新顾客的订单，其中1/3是重复购买，甚至成为终生顾客。

什么叫“自动化营销”?

这就是“自动化营销”!

不花一分钱，就有千百家媒体积极宣传；不雇用任何一个推销员，每天就有5000~10000个新顾客产生。

所以，请大家务必反复琢磨这个超乎常理的成功案例，这将是你可以即学即用的超级营销方案。它可以直接借用在众多行业中。

下面，让我们来深入解剖这种营销方案的深层逻辑，帮助大家吃透里面的奥秘。

首先，回顾一下在《互联网万能商业模式》一书中，我提到过的“营销”本质的解读——这是我长期实践心得，大家一定要记下来：

营销的本质思维

如何最大化散播带钩的鱼饵！

“接触点”有三个内涵：接触顾客的人数；接触每个顾客的频率；接触顾客内心的深度。即广度、频度、深度。

要实现与顾客的接触，就要花费金钱、花费时间，这些都是资源的消耗。

营销，就是要借力使力，借助别人的资源，或者说是借助社会资源来实现与顾客的接触。

“冰热”最初的销售额只有 2 万美元，他们没有钱可以打广告，没有办法让更多潜在顾客知道。他们也没有业务员可以上门去推销。

他们穷得可怜，濒临破产。

孙子兵法有云：上兵伐谋、其下攻城。

使用谋略是不用流血的，但直接攻城是要死人的。

所以，他们就必须借助社会资源。个人资源是有限的，越用越少；社会资源是无穷的，越用越多。

以有限的个人资源，整合无限的社会资源，从而建立起“宣传统一战线”，这就是真正的“营销”。做广告宣传、获得客户信息，也是同样的道理。

所以，布莱恩就要借助社会资源了。他的营销思维，就是以下两点：

1. 寻找被忽视的传播渠道——目标鱼塘的接触点

借助社会资源，或者说是“资源整合”，实际上，就是价值互换的过程。几乎每家广告公司都有卖不掉的广告位，都有被浪费的广告资源。

布莱恩于是才有机会与他们合作。用“付佣金”的方法来谋取广告宣传。这一点与淘宝客、谷歌的 AdSense 广告、亚马逊的 Affiliate 会员联盟是同样的道理。

只是，布莱恩整合的是“主流媒体”，而淘宝客与谷歌整合的是“中小网站、群众海洋”。

“寻找被忽视的资源、变废为宝”是我们认为最快的致富方法。

当我讲到这个案例之时，总有学员问：“紫杰老师，现在去哪里找愿意免费打广告的报纸和电视台呢？”

每当我听到这个问题时，都有点郁闷——因为这些学员真的是不会动脑筋，不会举一反三。

“冰热”案例发生在20年前的美国，你想在今天的中国来直接“山寨”，当然是行不通的。

但是，时至今日，你却拥有了更多的“传播渠道”，只要这个渠道可以接触到你的目标客户，你就可以跟这些渠道来洽谈共赢式的合作。

“携程”利用全国各地的机场来发放会员卡，从而发展了2000万的会员；“凡客”利用上万家联盟网站，实现了30%以上的销售业绩；我们跟中国知名的培训公司“聚成”合作，把地面业务轻松开展到了全中国……

只要你放开头脑，就会发现无穷无尽的商机与无穷无尽的客户资源。

资源是无限的，财富也是无限的——限制企业发展唯一的瓶颈，就是企业老板的脑袋……

2. 计算顾客的终生价值——鱼饵的投资收益比

为什么“冰热”敢为每个顾客支付45美分的成本呢?

因为他们事前经过缜密的计算，知道了这个45美分的投资将有什么样的价值。

我们来看看他们的收获。

“冰热”采取布莱恩的策略后，第一年就获得了 100 万个新顾客名单——也就是说，有 100 万人通过不同的媒体及渠道购买了冰热止痛膏。

那么，他们为这 100 万份止痛膏支付了多少成本呢？

一共是 45 万美元。

看起来这些广告费价值不菲，但是，再让我们来看看他们的收益。

这 100 万个新顾客中，有 35 万人在一年的时间里重复购买了 6 次，每次购买（包括其他的产品）其开销是 6 美元。

也就是说，他们的收入是 ：

35 万人 ×6 次 ×6 美元 =1260 万美元

这 1260 万美元的收入，与 45 万美元的投资相比，你应该明白布莱恩高明的地方了吧？

结合“鱼塘财富论”的思维，我们应该明白：

（1）“3 美元的止痛膏”就是鱼饵；

（2）广告公司、电视台、广播电台等媒体就是“目标鱼塘的接触点”；

（3）100% 佣金制就是鱼饵向目标鱼塘散播的“驱动力”。

所以，“冰热”案例里最值得称道的，就是其借力“媒体渠道”散播“鱼饵”的“驱动力”设计机制——100% 佣金制。

结合微店的特色，以及多年的实践，我们已经将这套“100%佣金制”改造成了一种更利于移动互联网上传播的营销技术——“百分百病毒营销术”。

第三节 百分百病毒营销术

如果你从事过跟销售有关的工作，那么你一定知道：99%的销售型业务，都是需要给一线销售人员或代理商分配佣金提成的。

不同的项目及产品，其佣金提成比例不同。而不同的提成，也就造成了“不同的激励效应”。

激励的简单法则

说直白点，我认为：提成比例越高，销售难度越低，那么，销售人员的行动力越强；进而，销售成交量也会越大。新客户也会越多，经营者的收益也会越大。

因此，我们要想最快速度地积累大规模的客户数据库，就必须发动广大的伙伴（网上或网下），群策群力。

某种程度上看，就要把他们当做“销售员”来激励。

因此，要想激发千百万伙伴的“合作热情”，你必须记住下面的这种思路：

百分百病毒营销术的设计思路

（1）设计吸引潜在客户的鱼饵，从而降低后续销售的难度；

（2）设计吸引合作伙伴的高佣金机制，从而激发他们推广的行动力。

我们可以通过一个简单的比喻来说明“高佣金”的价值。

如果我们把伙伴的行动力按百分制来评分的话：

佣金比例与行动力之间的关键

（1）当佣金比例为10%的时候，他们的行动力是10%；

（2）当佣金比例为50%时，行动力上升到50%；

（3）当佣金比例达到90%时，行动力就是90%；

（4）当佣金比例达到100%时，行动力就是100%。

所以，如果你想把别人的行动力激发到最大，那么，最简单而有效的方法，就是给他“100%”的佣金提成。

按布莱恩的做法，就是“把3美元销售款全都给广告媒体”。

这种策略在20年前可以吸引“1000家媒体”；那么，在今时今日，尤其是通过互联网的话，就可以轻松地吸引几万家合作伙伴。

按每个合作伙伴为你带来10个注册用户来计算，你可以轻松建起“10万级客户数据库”，那就意味着千万级的财富。

其核心的秘密，就是通过“100%佣金”带来极强的吸引力，并借助“信息”可以瞬时、无限次复制的特点，形成“客户→推广者”的迅速转化。

从而形成像病毒一样的扩散效应——因此，我们将这套营销技巧，称之为“百分百病毒营销术”。即“100%佣金制”+“病毒扩散效应”。

从我们多年的实践之中，我们得出这样的结论：

“百分百病毒营销术”适用于90%的行业，适用于90%的老板。不必再学其他复杂的营销技巧，只要你领悟透了它的奥妙，你将在极短的时间之内，完成庞大的客户数据库积累！

正如我前面所提，要想激励别人帮你推广，就要：

把收益最大化，把难度最小化，那么推广者的行动力就会最大化！

所以，结合你自己的业务来设计推广机制时，一定要考虑好以下的问题：

（1）最适宜的推广者是谁？

（2）如何最大化他们的收益？

（3）如何最小化他们的难度？

后续促销机制

真正的利润，往往来源于后续销售。尤其在“百分百病毒营销术”里，第一次销售收益（即“佣金产品”的销售所得）基本都要分享给“推广者”。

所以，属于我们自己的收益，往往就在“后续商品的促销机制”上。

布莱恩为“冰热”设计的方式是：

（1）在每份发出的3美元“冰热止痛膏”产品里，都附上其他产品的优惠券。

（2）安排电话客服人员，主动打电话做“售后回访”，顺便促销其他产品。

从中，我们可以看出：

“优惠券”属于“拉力”，吸引消费者购买其他产品——当然是更贵的产品。

“电话回访”属于“推力”，主动跟消费者沟通，促销后续商品。

“一拉一推”之间，客户的后续消费行动就井喷式爆发。

其中，“推力”机制除了使用“电话营销”的方式之外，还可以使用各种微店工具与技术。

无论使用何种促销方法，都必须与产品结合起来。在“百分百病毒营销体系”里，每一步都需要对应的产品予以配合。

所以，要想真正理解这套营销技巧，就必须明白“杀手级产品结构”。

第四节　杀手级产品结构

在微店时代，消费引导生产，营销系统决定产品结构。

我们应该一切围绕“营销”来布局我们的产品体系。所以，根据“百分百病毒营销术”的要求，我们要设计一种有效的产品结构，从而在每一个营销步骤之中，都有相应的产品予以配合。

同时，针对不同的目标客户，为实现不同的目标，我们要把产品设计出不同的形式，组合出不同的功能，匹配以不同的定价。

下面，我们来了解匹配这套“微引流”模式的“产品结构”。

杀手级产品结构

我们提出一种“三层次”的产品结构，这种结构非常有传播力与成交力，故而称之为“杀手级产品结构”：

微店时代的产品三层结构

（1）鱼饵产品：针对网站浏览者，吸引他们注册，进入客户数据库。最好免费。

（2）佣金产品：针对想赚取佣金的伙伴，吸引他们加入推广活动，宣传公司产品。较低定价。

（3）赢利产品：针对高端客户，吸引他们付费购买，从而为公司贡献收益。高价格定位。

如果你也想实施“百分百病毒营销术”的话，那么，你第一件事，就是要根据上面的“三层结构”规则，设计出自己的“产品组合”。

更多时候，你不需要重新增加新产品，而只需把现有产品进行“重新包装”即可。

请注意“三层结构”的重要意义：

“三层结构”的重要意义

鱼饵产品：通过媒体、异业联盟商家的目标鱼塘散播鱼饵，吸引潜在客户进入数据库。鱼饵的传播力及吸引力，是决定其成败的关键。

佣金产品：推广体系的核心。其意义在于激励合作伙伴的行动力。佣金产品应具备突出的成交诱惑力，可以轻松吸引客户快速付费成交，从而帮助推广合作伙伴看到“短期收益”。进而伙伴更加积极地投身推广活动——从某种程度来说，佣金产品是“短期利益”的载体。

赢利产品：企业利润的源泉。高价值、持续性、高利润，是其基本的特点。企业应设计以“推”为主，以“拉”为辅的促销体系，强力推进客户的成交比例。

在不同的企业经营里，三层产品结构是不同的。甚至有些部分是缺失的，但这不影响这三层产品结构的基本格局。

比如，以“冰热”为例，我们知道其产品结构如表 1 所示：

表 1　“冰热”产品结构

产品形态	产品定位	功能目的
3 美元的“冰热”止痛膏	佣金产品/鱼饵产品	激励媒体为其广泛宣传，获得客户数据
后续“冰热”产品	赢利产品	促进客户消费，增进企业收益

由表 1 分析可知，布莱恩将“3 美元的冰热止痛膏”一职两用，对“媒体公司”来讲，它就是“佣金产品”，实行 100% 佣金制，激励他们广泛宣传。

同时，“3 美元止痛膏”也是“鱼饵产品”，以便获得新客户的数据。

而为了帮助“冰热公司”创造真正的收益，他又设计了“电话销售 + 优惠券”的“推拉组合”，大大促进了后续产品的销售。

所以，销售产品、创造财富，本身并不难。只要你读懂了“三层结构”及“百分百病毒营销术”，就可以轻松设计这类的营销系统，实现快速销售与赢利。

下面，我们再通过一个案例来加深了解这套“微引流”的营销技巧。

精彩的“微引流”营销案例

很多人会把“百分百病毒营销术”理解为“仅是给100%佣金”。这是片面的看法。很多情况下，你可以使用其他实物来替代“佣金”，其吸引力及驱动力也一样强大。

图4 “眼康世家”的广告宣传图片

“眼康世家”的微信病毒营销

我的好友“姜尊翰”姜总在广州开办了“眼康世家”连锁机构，主治青少年近视。

他通过微信及地面渠道，进行了一系列的“鱼饵营销”

及“病毒营销”，获得了大量的新客户。

比如，他跟很多青少年培训班合作，把一些非常有趣的玩具通过英语培训班、围棋培训班等机构，送给这些班上的小孩子。

这就是“鱼饵产品”。这些“鱼饵”之中除文具外，还包括一张“7天免费治疗卡”——孩子的家长可以拿这张卡，到“眼康世家”连锁店来免费治7天近视。

同时，关注并转发他的微信公众号（“眼康世家”）的人，也可以获得这套文具，以及“7天免费治疗卡”。

所以，他就靠这套组合鱼饵，获得了大量的精准客户，而成本却非常低廉。

这个案例看似简单，却综合利用了我们前面所说的“百分百病毒营销术”的各种知识。

“眼康世家”的营销策划

第一步，锁定目标鱼塘——姜总发现，小孩子们最集中的地方，就是学校以及各种课外培训班。所以，他就以此为“终端”，发动一系列的“钓鱼”行动。

第二步，策划“佣金产品”以及渠道驱动力——他免费赠送文具给其他培训机构，让他们帮忙赠给小孩子以及家长。

这就是用来吸引合作渠道的关键。这个产品对于小孩子有用，对于这些培训机构来讲，又多了一个服务小孩子的赠品，也没有坏处，所以乐于配合。

第三步，释放鱼饵——文具之中包括一个“7 天免费治疗卡”。如果家长发现小孩子有了近视，那么就会自然而然地想去免费治疗一下。所以，完全没有任何风险，很容易接受。

第四步，7 天成交——在 7 天免费治疗期内，姜总会安排员工跟家长进行大量的沟通与劝导，不出意外的话，90%的家长在 7 天体验期内，都会成交，付费接受正式治疗。

这个营销案例与“冰热”大同小异，思路如出一辙。其中最大的区别就是“冰热”以 3 美元产品 100% 佣金为驱动力，诱使广告媒体跟冰热合作。

而“眼康世家”更简单，直接送“文具”，把文具本身作为“驱动力”，来诱使其他培训班帮他开发新客户。

具体何种形式，是“佣金”还是“实物”，完全根据所处的环境及行业特征来定。

所以，“微引流”的奥妙，就在于如何把别人鱼塘里的“鱼”，借助什么样的“驱动力”以及“鱼饵”，钓到自己的“鱼塘”里。

只要你能设计类似的“鱼饵”以及“驱动力”出来，那么发展新客户就“易如反掌”。

本章通过一些案例的讲解，剖析了“微引流”的原理及操作案例，重点强调了“别人鱼塘”的整合技巧。

这套方法非常有效，我建议你把本章所讲解的知识，重复阅读至少3遍，然后再思考一下你自己的营销之路。

接下来，我们进入“三微营销”的下一个环节“微沟通”。来了解一下如何通过沟通，把自己鱼塘里的“小鱼”培育成“大鱼”，把“半信半疑的客户”，变成“忠诚的客户”……

第三章

“微沟通”之圈子营销的威力

2009 年新浪微博迅猛崛起，在智能手机时代掀起传播狂潮。但是 2011 年微信的出现，很快就赶超微博。

很多人以为是新浪本身的推广不力，而微信有 7 亿 QQ 用户为根基，所以推广更快。

这种说法有其道理，但不是根本原因。

微博是从“博客”概念延伸出来的，更接近于大众传媒，是“生人文化”的载体。

而微信是从“QQ”衍生出来的，更类似于小众交流，是“熟人文化”的载体。

而人类的基本需求就是“社会交往”——其中“熟人社交”的重要性远远大于“生人社交”。或者说，“强联系”永远大于“弱联系”。

因此，“生人文化”的微博，其黏性很难超过“熟人文化”的微信。而我们的微店营销，就需要把这两类人群都组织起来，用“微博”来组织普通粉丝、普通客户，用“微信”来黏住“忠诚粉丝”“忠诚客户”。

从而把企业品牌，深植到不同客户心目之中——这就是“沟通”的目的。

圈子时代的“微沟通”，要注意“互动”“价值”“情感”这三大要素，我们总结成为以下公式：

“微沟通”的成功公式

成功的微沟通 = 互动 + 价值 + 情感

下面，围绕“互动”“价值”与“情感”这三元素，我们详细了解“微沟通”的实施技巧……

第一节 “互动”是沟通之基

“互动性”是沟通的第一前提，没有互动的沟通，根本算不上沟通，最多只能叫“传达”。

所以，很多企业的微信公众号被经营成了“企业内刊”，只会单向发送信息，而忽视了互动性。这样的公众号其生命力并不强。

下面，让我们通过一个案例来了解“互动”的重要性。

“开心预测”的互动设计

“心易天空”（mysky365. com）是一家关于易经、风水等玄学知识的网站，他们开通了名为“开心预测”的微信公众号。

他们在公众号欢迎词里写道：

恭喜您开启幸运之门！结合易学文化，提供六项免费服务：

（1）算卦预测：诚心正意，随机输入任意两个数字，例如，09，即刻指点迷津。

(2) 生肖运程：输入生肖，例如，龙，即刻揭秘运势。

(3) 号码吉凶：输入号码数字，手机号、车牌号、身份证号、房间号等，例如，403，即刻破解号码玄机。

(4) 择吉择日：输入“吉日”即刻查询黄道吉日。

(5) 风水化煞：输入“风水”即刻了解家宅、办公、买房、商铺风水。

(6) 每日一禅：输入“禅机”顿悟人生，灵光乍现。

★ 收费预测：输入“服务”详细了解。

开运、转运、好运！上心易天空网！

www. mysky365. com

我们可以根据上面的提示，来小小尝试一下，比如，随便回复一个数字组合“1008”，将收到以下回复：

——玄虚子解卦——

【现状】天地否卦：虎落陷坑，出行不宜，凶多吉少，闭塞不通。

【过程】风山渐卦：俊鸟出笼，吉庆之兆，逢凶化吉。

【结果】天雷无妄：鸟被牢笼，事忧不顺心。

【开示】开始和结局都不好，不要被中间过程冲昏头脑，适可而止。

——分类问占卜——

事业：陷入逆境，事业处于衰退阶段，多有不顺利。受小人干扰而不得志，受挫折。应坚持正道，勿与小人合流，团结志同道合者，自保以等待时机。保持自信心，戒慎恐惧，形势定会好转，事业终能成功。

经商：遇到强大的竞争对手，处于不利地位。信息不灵造成重大损失。应格外小心谨慎，坚持守势，等待有利时机到来，再发展自己的事业。

求名：条件还不成熟，再努力一阵子，并得到他人的帮助，理想可以实现。

外出：会遇到不少麻烦和困难，宜推迟或提前行动。

婚恋：容易出现节外生枝的事情，甚至发生挫折和变故，双方若都充满信心，好的结果会出现。

决策：本人聪慧，精明，勤奋努力，但不注意人际关系，加上小人的排斥，命运或遭厄运。意志坚强，具有奋斗精神，且克服了不足，尽管付出的代价很高，必能成全事业。

——人事关系决策——

对于生肖“鼠、牛、虎、马、羊、猴”的人来看，此号码：生体，贵人相帮，有收获。

对于生肖“兔、龙、蛇、鸡、狗、猪”的人来看，此号码：泄体，劳心费力，付出多。

注释：

体：代表自己，本人。

生体：表示对自己有帮助。

泄体：表示自己操心多，劳心费力。

克体：表示对自己压力大，对于女人来讲，也表示丈夫或男友。

得财：表示为自己的财，对于男人来讲，也表示妻子或女友。

★玄虚子提示：卦本无好坏之分，只是用这个现象，启示人们处在这个阶段应该怎样做和不应该怎样做。福祸双依，遇到喜事我们要冷静，遇到坏事我们更要有积极乐观的心态。

上心易天空网 www. mysky365. com 进入易学之门！

玄虚子收费预测，从零学卦象预测学，请加 QQ：××××××

周易玄学预测之类的信息，非常吸引普通网友。大家抱着好玩的心态，也愿意去尝试一下。

所以，这样的公众号黏性极强，因为它可以预测的事物太多了，几乎每个人、每件事、每一天都可以使用一些信息去体验一下“预测”的快乐。

无论信与不信，这个“开心预测”的公众号都赢得了“粉丝”的时间与眼球。

其实，这样的功能很容易开发，根本没有什么难度。关键在于它把握住了网友的好奇心理，通过大量的互动性预测与分析，牢牢抓住了人们的注意力。

同时，还可以在每一条预测信息的后面，增加隐性的收费促销信息。

真正的一举两得、一箭双雕。

由此出发，我们也可以设计更有互动性，甚至是更容易像病毒一样传播的“互动”功能。

“人性解码器”病毒传播

有一个微信公众号叫“人性解码器”，非常有创意，极具病毒传播性。让我们来看一下它是如何设计的。

关注该公众号之后，它提示网友说：

输入“名字+人性”，只需1秒，你将直接了解对方的人性需求。

我们尝试输入了“李平+人性”这个组合词，于是出现了以下的信息：

李平内在最深的渴望

渴求：信任自己，信任存在

倾向：给予、完美主义

学习：慈悲从自己开始

易被可怜，被有需要的人吸引。

一、内心深处最深的渴望

呈现理想主义事实，慈悲和去付出关怀；

需要把爱分给更多的人，不要执着在一段关系里面，学习慈悲先从满足自己的需要和感觉开始。

二、喜欢什么样的人

喜欢能同理他的感受的人，能了解他的需要和感觉的人。

三、被什么样的方式打动

你能优先考虑他的感觉和需要，或你有困难需要他的帮助。

轻松相处之道：

(1) 有困难直接告诉对方，你有困难，希望能得到他的帮助；

(2) 如果你经常参与慈善、爱心的事业，你同情弱者，关怀宇宙人类，你们就会很有共同语言；

(3) 其实他会替你考虑的，永远比你替他考虑的多。

个人成长解码：

(1) 把你的爱分给更多的人，不要执着在一段关系里面；

(2) 先对自己慈悲，先满足自己的需要和感受；

(3) 在生命里能够信赖和放手，你越能够学习信赖，存在就会越慷慨大方地对待你。

输入：@，返回主菜单

真实、简单、自然地做自己，回归自己的真实本性。

【分享】“最大的自私是无私”。当你将有价值的信息，传递给身边的朋友时，你在他们的心里会变得更有价值。

点击右上角按钮就可分享到“朋友圈”

“人性解码器”这个公众号比前面的“开心预测”更有传播力，因为它“解析”的是“人名”信息，所以，玩家就会经常把朋友的名字输进去，拿朋友来取乐。

同时，很多人也会把这个“取乐式”的分析结果，发到“朋友圈”里，让更多的朋友来开心一笑。

因此，“人性解码器”的信息“从朋友圈中来”，结果“又到朋友圈中去”，于是自然而然地形成了自动自发式的口碑传播。

在朋友圈之中就极易传播。

相反，“开心预测”反馈的是个人“隐私性”的结果，因此，很多网友并不愿意分享到“朋友圈”之中。“开心预测”的功能虽然更强大，但是其传播力反而不如“人性解码器”。

所以，设计“互动性”时，务必要考虑到这种“互动”所涉及的信息内容，以及传播潜力。

尽量要把互动性与传播性结合起来，这样对于公众号的推广会事半功倍。

“互动”到“传播”的形成机理

在此，我们总结出从“互动”到“传播”的形成机理。

形成传播的三要素

（1）有吸引力的话题；

（2）人机互动；

（3）人人互动。

要想形成人与人之间的快速传播，在设计“公众号”的“传播机制”时，一定要像设计“在线游戏”一样，同时考虑到上面的三个要素。

第一，“有吸引力的话题”。它是指你要求网友来互动，是以什么样的主题。

如果你是卖童装的，可以考虑的互动主题是：

（1）输入你家宝宝的名字，预测出宝宝的天才领域……

（2）输入“宝宝年龄”，提示宝宝的身体发育注意事项……

你所设计的主题，必须是网友非常关心，而且在其他渠道不容易得到的信息。这样才能快速吸引网友关注你的公众号，并鼓励形成互动黏性。

第二，“人机互动”。是指你一定要简化互动的流程，千万不要太复杂，应该让每个网友都很容易理解，很容易输入。

第三，“人人互动”。你所“预测”或“解析”的内容，必须不涉及太多的网友“隐私”，这样网友才容易分享。

如果你所“分析”的内容，根本就是“朋友之间”的信息，那就最棒了，因为这样的信息，网友最乐于分享。也就自然而然地促进了你的“信息转发”与“粉丝增长”。

就像“人性解码器”这个公众号一样，它所“解码”的，都是你身边人的名字，自然就带着一定的趣味性，吸引人马上互动，马上传播。

因此，只要你设计好公众号的“互动性”，既可以牢牢地“黏住客户”，又可以自动诱使客户转发。这就是“互动性”的奥妙。

接下来，我们来了解另一个“微沟通”的技巧……

第二节 “情感”可以黏住人心

微店营销，就是“圈子营销”——像朋友相处之道一样，每天所交流的信息，很多都与情感为主。

人们不喜欢冷冰冰的机器，人们喜欢有血有肉、有悲有喜的人。

所以，设计“沟通”内容时，一定要把“情感因素”考虑进去，这对于加深双方的互信，提升客户忠诚，极为重要。

这也就是为什么朋友圈文章里，“心灵鸡汤”类的文章数量最多的缘故。

让我们回顾一位极为成功的世界级销售大师，看看他是如何通过“情感交流”来创造伟大业绩的……

乔·吉拉德的成功法宝

乔·吉拉德是世界上最伟大的销售员，连续12年荣登世界吉尼斯纪录大全“世界销售第一”的宝座，他所保持的世界汽车销售纪录——连续12年平均每天销售6辆车——至今无人能破！

你可能也听说过他的惊人故事，但却不一定注意过直接促成他非凡成功的两个关键细节。

他算不上是商业巨子、销售天才。但是，他却成功运用了两大武器，通过持之以恒的不懈努力，成就了不可思议的业绩。

重温他的成功故事，可以给我们巨大的启示。

乔·吉拉德的“两片”法宝

患有严重口吃的他，曾经是个失败者，当过小偷，开过赌场，换过40多份工作仍一事无成。

35岁的他，在身负巨债、走投无路之际，跑去当汽车业务员。出人意料的是，他居然在短短三年之后，便成了“全球最伟大的推销员”。

乔·吉拉德之所以能成为“最伟大的推销员”，与他的“两片法宝”密不可分。

法宝之一：名片

他比任何一个销售员都善于推销自己。所到之处，就会随时向人们递送名片。每天上班前，他会提早到地铁站，见人就发名片；就餐付账时，他会把整盒名片交给餐馆服务员，给予丰厚小费，请他们帮忙散发名片。

演讲时，他会把名片大把大把地抛向空中，让名片像雪花一样漫天飞舞；看棒球赛或足球赛时，他常常提着1万多张名片去，每次有精彩场面时，他一边欢呼一边朝着狂热的观众撒名片……

有些业务员一年用掉500张名片，但乔·吉拉德光一个月就要发出去1万多张名片，多的时候甚至发出两三万张名片！

狂发名片，是乔·吉拉德“随时随地推销自己”的一个具体表现。这种“随时随地推销自己”的行为，使他的知名度像滚雪球一样越滚越大，越来越多的人知道了一个事实：

要买汽车，可以找乔·吉拉德！

于是，找他买车的人越来越多，加上持续的、优质的后续服务，乔·吉拉德的业绩直线上升。

所以，他的第一个成功法宝，就是“名片”，让更多的人了解他。

法宝之二：明信片

乔·吉拉德每月要给1万多名顾客每人寄去一张明信片。一月份祝贺新年，二月份纪念华盛顿诞辰日，三月份祝贺圣帕特里克日……凡是在他那里买了汽车的人，都收到了他的贺卡，也就记住了他，并逐渐喜欢他。

乔·吉拉德有一句名言：“我相信推销活动真正的开始是在成交之后，而不是之前。”

推销是一个连续的过程，成交既是本次推销活动的结束，又是下次推销活动的开始。推销员在成交之后继续关心顾客，将会既赢得老顾客，又能吸引新顾客，使生意越做越大，客户越来越多。

“成交之后仍要继续推销”，这种观念使得乔·吉拉德把成交看做是推销的开始。

他在和自己的顾客成交之后，并不是把他们置于脑后，而是继续关心他们，并恰当地表示出来——每月一封明信片的问候。

正因为乔·吉拉德没有忘记自己的顾客，顾客才不会忘记乔·吉拉德。当他们买车的时候，自然而然就会优先想起他，并跟他介绍更多的客户。

所以，乔·吉拉德的第二个法宝，就是“明信片”。通过“明信片”来留住客户，与客户交流，并实现转介绍。

正是“名片”以及“明信片”这两大法宝，帮助乔·吉拉德成为“世界上最伟大的销售员”。

仔细品读乔·吉拉德的成功之道，尤其是他的“两片”法宝，可以给我们巨大的启发。

所谓大道至简、简而能全，他的成功，正是对最简单财富模式的实践。

最简单财富公式

在《互联网万能商业模式》一书里，我提出一种财富公式：

你的财富规模 = 客户人数 × 平均信任度

乔·吉拉德为什么一个月就要发出去1万多张名片，多的时候甚至发出两三万张名片呢？

很显然，他要让更多人知道他，了解他。越多人知道他的名字，就意味着拥有越多的潜在客户，意味着可能有越多人找他买车，就意味着他可以赚到越多销售佣金。

所以，他的第一个法宝“名片”就是做大“财富公式”里第一个参数“客户人数”的工具。

接下来，他为什么会不断给老客户寄明信片，甚至一个月寄出 1 万张呢？

这就是为了不断增进与客户的沟通，强化客户对他的好感与信赖——两位同样的汽车销售员，一位从来不联系、不问候你，另一位则每月给你写明信片，问候你、祝福你……

你会更喜欢哪一个呢？你会更信赖哪一个呢？

所以，当一年收到 12 张乔·吉拉德明信片的客户打算买汽车时，一定优先考虑他。

乔·吉拉德的成功并不神奇，他只是把上面这个“最简单财富公式”坚持贯彻了 12 年，所以，他成功了。

他用 12 年的时间，通过“名片”与“明信片”的简单武器，用最扎实的努力，创造了一个又一个奇迹，以一个普通小人物的身份，收获了巨大的财富。

在我们欣赏他的激情与坚毅时，千万别忘了他成功背后的秘密——让我们再次重温他所验证的“最简单财富公式”：

最简单财富公式

你的财富规模 = 客户人数 × 平均信任度

微信及微博这类移动工具的出现，并没有改写此公式，反而放大了其价值与威力。

我常跟企业家讲，互联网赚钱的模式，就是两句话：

其一，名单为君；

其二，沟通为臣。

乔·吉拉德的"名片"，就是"名单为君"的代表。他通过海量散发名片的方式，为自己积累了海量的客户名单。所以，乔·吉拉德的"名片"相当于"微信"的好友名单。

而乔·吉拉德的"明信片"不是用来促销产品的，而是用来加深双方之间的感情。所以，"明信片"相当于微信的"朋友圈"。体现了"沟通为臣"的重要意义。

因此，微店营销与乔·吉拉德的成功之道，都是一样的。其本质并没有随着时代的发展而更改——因为无论时代如何发展，人类基本的社交心理规律，以及信赖感形成机制，都是相对稳定的。

所以，我们应该向乔·吉拉德学习，借力微信、微博工具，形成有效的沟通机制与模式。

这样不但客户会喜欢你，而且他们愿意无条件地帮你转介绍，帮你分享信息，从而让你轻松获得更多的客户。

于是，你的品牌信息将形成稳定的"微沟通"模式，快速而有效地在人与人之间传播，最终财富将随之而来……

在此，请注意，乔·吉拉德的“明信片”，其本质就是“情感交流工具”。所以，“情感”是“微沟通”的关键组成。

朋友之间的沟通，绝大多数都是基于“情感交流”的信息，所以，你想把客户变成朋友，就一定要“少促销、多谈心”。

让客户从内心深处感受到你对他的关心与照顾。只要客户的内心被你打开，他的“钱包”也就自然而然地被你打开了。

以上，我们了解了“微沟通”的第二个要素，就是“情感”的意义。接下来，我们来探讨第三个要素：“价值”。

第三节 “价值”是品牌形象的核心

“互动”是“微沟通”引发兴趣的基础，“情感”是建立信赖感的关键，而“价值”是打造品牌形象的核心。

“互动”好比是一座桥，“情感”是送货的车，而“价值”就是车上的“货物”。如果桥很结实，车很好开，结果“货”有问题，那么，整个系统也是错的。

所以，“价值”是核心。只有持续提供有价值的资讯，才能让你的公司形象，真真正正地在客户心目中建立起来，并最终形成购买。

而“价值”又源于客户的需求，因此，了解“价值”之前，还要了解人的基本需求。

人类需求五层次理论

美国著名的社会心理学专家马斯洛于1943年《人类动机的理论》一书中，提出了享誉世界的“人类需求五层次理论”。

（1）生理需要，是个人生存的基本需要。如吃、喝、住处。

（2）安全需要，包括心理上与物质上的安全保障，如不受盗窃的威胁，预防危险事故，职业有保障，有社会保险和退休基金等。

（3）社交需要，人是社会的一员，需要友谊和群体的归宿感，人际交往需要彼此同情、互助和赞许。

（4）尊重需要，包括要求受到别人的尊重和自己具有内在的自尊心。

（5）自我实现需要，指通过自己的努力，实现自己对生活的期望，从而对生活和工作真正感到很有意义。

微信最大的价值，恰恰就在其中的“社交需求”之中。但是，这个“人类需求五层次理论”对“社交需求”的讲解较为模糊，所以，我们根据中国传统文化，将社交需求再做细化。

中国式的社交，核心就是“圈子文化”。微信就是“圈子”的载体。

下面，我根据一个客户的示例，来详细讲解如何用微信做“圈子文化”式的客户沟通。

一家民营医院的营销体系

请看图5，这是我的一位学员“沈阳爱齿口腔医院”老板所做的微信账号。我们通过这个案例来了解他们是如何分享信息，并跟客户进行交流与沟通的。

图5 “爱齿口腔医院”老板个人微信“朋友圈”主界面

他们的老板姓柏名松，柏总把个人的微信账号，变成了货真价实的“营销工具”，进行了全方位的包装。

“爱齿口腔”老板的“6合1”微店营销体系

（1）账号名：“做中国口腔业第一品牌”——把微信显示的姓名都改成为公司品牌定位，让人很容易就记住。

（2）账号封面：“医院全体员工合影”——让人马上可以感受到其机构的实力与专业程度，留下深刻印象。

（3）签名：医院的地址及电话，甚至包括老板自己的手机——让人感觉联系方式很全面，很具体，尤其是有老板本人的手机，让人马上建立起信赖感。

（4）朋友圈文章内容：遵循“1+1+1原则”，即三分之一的内容是关于公司最新活动及业务的介绍；三分之一是流行的“心灵鸡汤”类励志文章；三分之一是个人的日常活动及经验分享。

（5）朋友圈文章配图：遵循“1+1”原则，即一半是公司内外环境的相片；另一半是个人活动的现场记录相片。

（6）公司公众号：开通“爱齿口腔”的公司公众号，把这个公众号变成“专业口腔知识”的电子杂志，用来持续教育客户，以弥补个人账号里“专业资讯不够”的问题。

以上六大方面组合成一个围绕“爱齿口腔品牌”的微店营销体系，既保证了朋友之间交流的便利，又保证了公司业务推广的效率。

“爱齿口腔医院”的公众号文章效果图如图 6 所示：

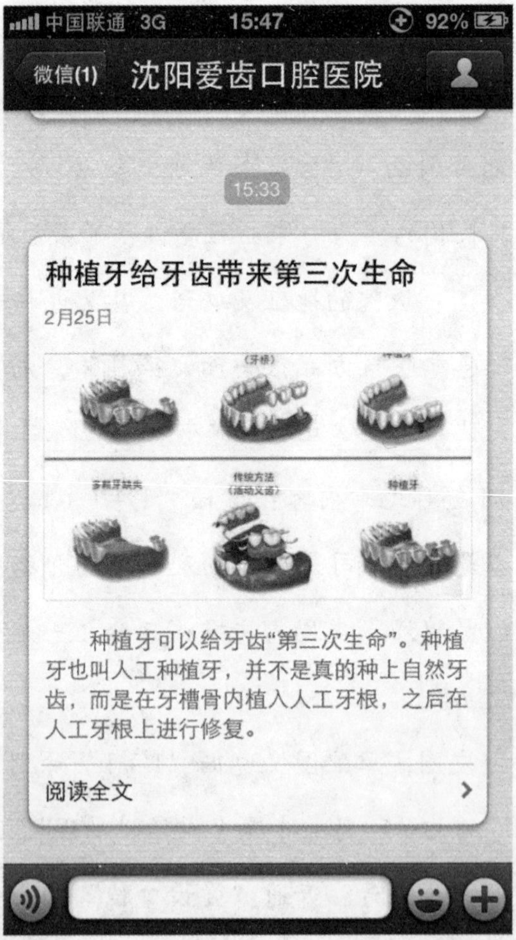

图 6 “爱齿口腔医院”公众账号的文章界面

“爱齿口腔”微店营销的“6合1”体系之中，最关键的，就是发表在朋友圈里的文章——因为这是跟微信朋友（也就是“客户”）交流最普遍、覆盖面最广的接口。

朋友圈里的文章有时比公众号还重要——因为微信会把公众号有新文章的信息提示给客户，从而带有一定强迫性地让客户去浏览内容。

而一旦客户感觉这些文章有销售味道，或者是内容不太吸引人，他就马上取消“关注”，从而减少自己每天的信息干扰。

因此，公众号的“新信息提示”功能，反而有时成为让客户远离它的死穴。

但是，“朋友圈文章”反而不会有这方面的问题，因为浏览者在看朋友圈内容时，即使有一篇销售性文章，他也可以直接“眼球跳过”，不去读就好了。

即使那条“广告信息”非常让人不喜欢，人们也不太可能删除发布这个信息的“微信好友”——因为人们的心理就是“拒绝广告，但不拒绝朋友”。

只要你了解了人类的社交心理机制，那么就容易成为运用微信来营销的高手了。

所以，要想做好微店营销，必先学好人类的社交心理需求知识。

社交三层次理论

我们把马斯洛需求五层次理论之中的“社交需求”进行细分，将其概括为“身心灵”三层次。

社交的三层次心理需要

(1) 身：朋友信息——最底层的社交需要，想了解更多朋友的信息与近况；

(2) 心：感情交流——中间层级的社交需要，想得到爱，承担社会公益责任，对外愿意付出；

(3) 灵：精神激励——高层级的社交需要、精神追求与信仰崇拜。

所以，当我们使用微信、微博分享信息时，千万不能大量发布广告性信息，否则必将引发“朋友”抗议。

我们应该根据“身心灵”三层次的需求，来规划我们的微信信息组合。

我们来看“爱齿口腔”的做法：

(1) 身：柏总经常分享自己所参加的活动，贴上现场的照片。这一类的文章，评论量非常大——尤其是跟柏总关系好的客户，基本上都非常乐于点评这些活动。

（2）心：柏总会转发一些网上的热文，常是一些心灵鸡汤类励志文章，以及趣味性的段子。这类的文章评论量一般。

（3）灵：介绍个人的心得经验、公司成长故事，引发朋友的共鸣，以及对公司发展的赞许。这类文章评论量一般都会非常大。

所以，建立朋友关系的过程，就是“身心灵”三层次交织组合的过程。

“身”让别人更了解你的现状；“心”让你打动别人的内心；“灵”激发朋友对你的理想及公司品牌的认同。

一旦你组织起了这些信息，那么很快新的朋友就会相信你、了解你，变成你的亲密朋友——而只要他们产生了消费需求，就一定首先找朋友帮忙——这就是圈子营销的关键过程。

所以，微店营销的基本特征，就是“圈子文化”。具体来讲，就是“找朋友”“交朋友”“求朋友”的过程：

三微营销的“朋友式解读”

（1）“微引流”就是“寻找潜在客户，加成朋友”；

（2）“微沟通”就是“与客户持续沟通，交成朋友”；

（3）“微促销”就是“让客户产生问题之后寻求朋友帮助”。

因此，你一定要不断提供有价值的信息，让微店好友感觉你是一个非常“专业”的人，这样，当他们有需要时，一定会优先找你“帮忙”。

这就是“价值”的意义。

本章里，我们介绍了“微沟通”的基本原理，以及应用方法。尤其是重点强调了“互动”“情感”“价值”这三大要素。

在实践之中，大家要不断总结，不断分析，把最受欢迎的文章找出来，然后重点分析，发现规律，再持续放大。

总之，只有充分地沟通，才能构建起朋友般的信赖感，只有具备了充足的信赖感，才能产生有效的销售。

接下来，让我们开始学习更为重要的内容，也就是“促销成交”的方法体系——“微促销”……

第四章

“微促销”之快速销售系统

当我们通过“微引流”的方式获得海量客户，加入微信好友或者微博粉丝，并通过“微沟通”的模式建立起深厚的信赖感之后；接下来，我们就需要借力“微促销”，通过“公众号”“朋友圈”或微博文章的信息，来完成最后的成交。

所以，本章将重点讲解通过微信来实现快速促销成交的知识与技巧。

简单来说，“微促销”有三种模式：

第一种模式是针对“日常化大众消费产品及服务”，促销方法就是直接在“公众号”里发“电子优惠券”，这种模式最适合有地面店支持的业务，比如餐饮店、服装店、电影院……

第二种模式是针对“非日常化大众消费产品及服务”，消费频率不太高，但也有广泛客户需求，比如中医诊所、减肥会所……

第三种模式是针对“特殊行业的小众产品及服务”，往往存在高单价、大批量、产品特殊、沟通周期长等难题，比如招商、机械设备销售、培训项目……

上面这三种模式，促销方法都不太一样。

最简单的就是第一种模式，发放“微信会员卡”，通过公众号定期推送电子优惠券即可。

第二种模式相对有点难度，因为需要培育客户欲望，需要一定周期才能建立信赖感。

第三种模式最难，因为客户群体小，而且人均售价较高。

下面，我们重点讲解第二种“非日常化大众消费产品及服务”以及第三种“特殊行业的小众产品及服务”的“微促销”手段。

第一节 大众化产品的微促销

大众化产品由于其单价低，客户群体广泛，所以，促销之中，只要把朋友圈经营好，放置大量的客户见证即可……

客户见证是非常有效的“说服工具”——让客户看到“别的客户成功案例”，这将构成巨大的示范作用，从而快速建立信赖感并快速成交。

这是一种非常隐蔽而巧妙的“促销手段”，所以在微店促销之中，极为常见。

下面，我们通过一个学员的案例来讲解，该如何使用“客户见证”快速促进销售。

让我们来看“献安堂医药”的微信案例。请见图7：

“献安堂”的见证

“献安堂”是专治妇科疾病的中医诊所，由张棣华医生创办。她把个人微信变成了宣传主战场，围绕“客户见证”开展了一系列的微信朋友圈宣传。

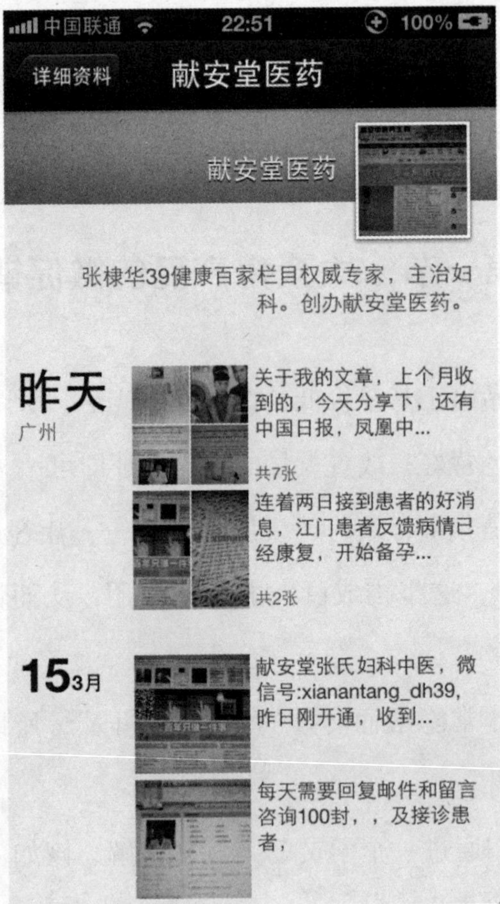

图 7 “献安堂医药馆”老板个人微信“朋友圈”主界面

我们来看看她在本书创作期间的朋友圈文章摘录（见表 2）：

表 2 张棣华医生朋友圈文章摘录

时间	朋友圈文章内容
2013 年 3 月 17 日	关于我的文章，上个月收到的，今天分享下，还有中国日报、凤凰中医、新浪中医等。（配报刊文章截图）

续 表

时间	朋友圈文章内容
2013 年 3 月 17 日	连着两日接到患者的好消息，江门患者反馈病情已经康复，开始备孕。我华景新城的患者已经顺利产下麟儿，恭喜！ （配网站截图）
2013 年 3 月 14 日	早上看诊湖南患者，下午有广州复诊患者、海南复诊患者，还有一个好消息，湖北患者经过一年半的治疗调理，康复很好，本月 25 日临盆！恭喜。 （配图微信二维码）
2013 年 3 月 8 日	下午在中铁集团授课，下课后，看未接电话 19 个，再看 QQ 留言咨询和邮件共 63 封。 （配献安堂网站 Logo）

通过表 2 我们可以感受到两点：

（1）献安堂生意很火爆，天天有客户咨询，而且康复患者很多；

（2）张医生很有名，总在各种媒体上面发表文章，而且经常去一些大公司授课，很有知名度。

张棣华医生的微店营销非常成功，因为这些朋友圈的文章，不是促销，却胜似促销——让阅读她文章的人每天都感受到"献安堂"的吸引力。

一旦客户通过微信感觉"献安堂有很多客户、张医生很有名气"，那么"羊群效应"就会驱使客户在有需求之后，去主动联系她。

小公司的微店营销

因此，“献安堂”的文章风格，比较适合小公司来推行，他们不需要大团队，只要老板一个人，拿一部手机就可以开展营销。而且，也不必使用“公众号”来发文章。

只要在朋友圈里写两类文章，分别“旁敲侧击”地证明两件事情即可完成“促销”：

第一类文章，证明“我有很多客户，这些客户都获得满意的成果”；

第二类文章，证明“我很有名气，也很忙”。

当然，一图胜千言，这两类文章一定要同时配上相应的图片辅助证明才行，要不然时间长了，必定“穿帮”。

大众化产品促销相对比较容易，但是，如果你销售的是高单价、专业度较高的小众产品及服务，仅使用这种方法是不够的。

在使用这种方法配套的同时，你一定要结合高质量的成交文案，才能使用“组合拳”的方法赢得客户。

成交文案的关键就在于说服流程的构建，因此，我们借助一个非常经典的网络成交案例，来分析该如何在移动平台上完成销售。

在此，我们强调一下：微信、微博可以促销各种产品，无论是 B2C，还是 B2B；无论是低单价的，还是高单价的。

但是使用微信、微博来销售高单价的产品当然更具挑战，也更具技术含量。

我们接下来所要讲解的“微促销”产品，是指高单价、高利润，能帮客户快速赚大钱的产品——这才是微店营销威力的真正体现。

我们下面介绍一个经典的网络营销实战案例。

第二节 “行销之神”的网络财技

作为美国的行销之神，杰·亚伯拉罕的“生财之技”的确让人叹为观止。

2009 年 3 月，他果断进军互联网，在杰夫·沃克、约翰·里斯、弗兰克·科恩、布赖恩·约翰逊等网络营销专家的联手支持下，完成了一次极为成功的网络营销战役。

虽然这次战役主要以“电子邮件”配合网页的形式完成的，但是其所有的营销思想及脉络都适合于微信、微博工具。

国外大师亲手操盘的案例，真的值得国内的企业家认真学习。

正是这次成功的网络营销活动，让我们解决了“微店营销”高单价特殊产品的促销难题……

一封邮件引发的“成交风暴”

2009 年 3 月 26 日，我本人的 Google 邮箱里收到了一封来自布赖恩·约翰逊（Brian Johnson）的邮件。

他是一位美国知名的网络营销专家，我订阅了他的Email通信——他经常给订阅者群发一些知识与信息，但这一天却与众不同。

让我们仔细阅读一下这封邮件，看看到底是什么样的内容可以立即打动阅读者——当然，它本身也适合放置在微信、微博里转发。

你要靠自己的力量战胜经济衰退吗？

嘿，peter，

这些天，一条消息让我无比的震惊与惊喜！

杰·亚伯拉罕将召开2小时“经济衰退时期的收入暴增策略”免费电话会议。你应该马上抢占名额……

点击这里（网站链接）……

PS：你知道吗，杰有一个独特的天赋，他能发现那些被忽略的资源。并把它们挖掘出来，变成“财富之河”“现金之山”。

尤其是，你也可以做到跟他同样的事情，为自己打造“印钞机”……

点击这里（网站链接）……

我一看到这封邮件，就迫不及待地点开了信内的网站链接，急于了解其中的内情——因为，这是“行销之神”第一次在互联网上公开“行销”，一定有很多精彩的内容在等待着我……

果不出奇，在接下来的几天里，我经历了一场精彩的“网络成交风暴”……

“鱼饵”注册页

点开邮件链接之后，我看到了什么内容呢？

我看到一张“注册网页”，人们可以在上面预定一场电话会议的席位。

原来，杰·亚伯拉罕当时计划是在 2009 年 4 月开始“13 个月指导课程”，而之前他准备了一场“2 小时免费电话会议”。

他希望通过这次 2 小时的电话会议来推销那个在线课程。因此，“2 小时免费电话会议”就是他的“鱼饵”。

我所看到的“2 小时电话会议的注册页”全部为英文，如图 8 所示：

请大家去看本书附录 1，那是我们所做的中文翻译。建议大家从头到尾认真读一遍，你会受益匪浅，亲身体验到“大师智慧”。

你看过之后，就会发现：原来大师的网页文案，居然简单得让人难以想象……

(No Cost, Whatsoever)
REGISTRATION FORM FOR:
Jay Abraham's - Two Hour Recessionary Income-Generating Teleconference-Based "Discovery Call"

Where I will introduce you to 12 *Strategy Shifts* that will multiply your financial results, 25 separate ways to make more money for yourself, your business or employer --- using No Capital or Risk on your part. AND 42 specific income generating strategies and sources for prospering in THIS bad economy.

Yes, Jay, I want "In" and on the No-Cost, Fast-Paced, No-Nonsense, High-Level **Discovery Session** you are conducting for two solid hours, via teleconference on: How To Create Multiple Streams of Recessionary Income Sources... that will keep going (and growing) for me, my business or employer for years to come.

I know you are the absolute best man on the planet for coming up with result-proven, fast-acting, safe, no-cost ways and sources that can turn recessionary "adversity" into Monster-Sized prosperity pathways.

I understand you have devised and perfected 12 "Mindset Shifts" that will open up a whole new world of vast opportunities and possibilities that this recession makes possible. I further understand that you've developed 25 separate ways to tap into and (richly mine) as many "*recessionary-caused*" income opportunities as I want to pursue.

Still, further, you've developed 42 Recessionary-Prosperity Pathways I can pursue, for myself and family (on my own), for my existing (or start-up) business, or for my employer. Or for as many outside business owners as I want to help.

While there are no guarantees in life (and there are even less in the business, investment or wealth building world) --- the concepts, ideas and strategies you want to tell me about on our conference call have the capability of propelling me... and/or my business into a far richer income and cash flow position --- extremely quick. More importantly, they actually are designed to work best in a recessionary economy.

This unique and rewarding ***"Discovery Session"*** (as you are calling it), will introduce me to the reason why so many overlooked opportunities, hidden profit windfalls, and undiscovered, non-real estate assets ---- go unclaimed in a really bad recession like this one. You'll explain how someone like me can quickly, safely and easily start seeing --- *then seizing* as many of these "Screaming Opportunities" for myself... or any business.

The session then will take me through the mental *Re-Focusing* I can almost immediately do ---- to poise my mind and shift my actions to "grab" all the best low hanging prosperity "fruit" out there.

Then you'll use the rest of the two hours to cover as many of the 42 different strategies and 25 separate pathways I can choose to pursue. You'll include a ton of richly illustrative examples, actual case studies and first-hand success stories --- taken from your own personal experiences that I'll be able to model.

By the end of this two hour "**Prosperity Encounter**", I'll have a keen understanding and a comfortable appreciation for how much more profit, income... and long-term prosperity your recessionary-based profit strategies can rapidly produce for me.

I appreciate, greatly, the fact that you have made this teleconference session available to me -- **without any charge to me, whatsoever.**

The quality, caliber and highly actionable "**proprietary content**" you'll be sharing on this No-Cost call is unimaginable, I know.

And since only 1,000 people from your e-mail list can possibility participate on each call... (and because the list has nearly 250,000 people who'll want in on this opportunity), **I fully agree, promise and personally commit myself, faithfully, to show up for the specific session I've chosen to be on, below** --- and I further commit to staying on the call and listening intensely (and totally) focused for the entire two hours.

I know the quality of knowledge you'll openly share and transfer to me in that session will be more than worth my time commitment of those two hours. But I further recognize and acknowledge that if I'm fortunate enough to get on one of these calls, it'll mean someone else who is just as eager to learn your recessionary income strategies --- didn't get on.

So, I assure you --- Jay, I will not be absent. I will not come late. Nor will I leave early. You've provided me a wildly profitable two-hour experience (for nothing) and I believe you'll over deliver on that commitment. So, it's only fair that I fulfill on MY commitment to you to show up and stay on the entire call.

Finally - I recognize that towards the end of your two-hour, example-rich session, you'll discuss an appealing way that I can work with you for 13 full months and be masterfully mentored at a far deeper level of using (and mining) all the ideas you introduce on the "**Discovery Session**."

There's absolutely no obligation on my part to do *anything* --- except participate on the no-cost two hour session and learn every brilliant concept you will teach me about. But IF I want to test out being mentored by you personally, *after* the call --- you'll give me an Utterly Irresistible way to try it out the first three weeks - **for no payment, at all**.

But, I'm way ahead of myself here. All you want right now is my firm commitment to fully (and completely) participate on whichever call I choose (and get accepted on), below.

Because you want to keep my ethics and integrity intact, I want you to remind me of the call three times --- once, via email, the day before; once on the morning of; and once, by phone at my home, cell and office (if appropriate).

For that reason, I'm providing ALL my necessary contact numbers and information below. You are welcome to verifying these numbers BEFORE you confirm my registration.

Also, if for some reason I do forget, I expect you to call me at all my numbers and find me so I don't miss out and "steal" the opportunity from another person who would have better appreciated it.

On that ***"Eminently Equitable"*** and ***"irresistibly appealing"*** basis, **please sign me up** for the scheduled teleconference call I've selected below.

All my information is fully provided:

NOTE: All Scheduled Calls Have Already Taken Place.
Go to this web page for access to the recording online

Our strict privacy policy keeps your email address 100% safe & secure.

Whitelisting | Privacy Policy | Terms

图8　杰·亚伯拉罕的“免费电话会议”报名网页截图

财富的魅力就在于此——看得见的部分，往往都是朴实无华、简练无奇。

但秘密往往藏在细节之中，所以，请你千万不要小视这一张“简陋”的网页，因为，它是能创造百万美元财富的“聚宝盆”。

当你在该网页注册完成之后，就可以在指定的时间，参加免费的电话会议。其后，你会看到第二张网页。

“招生报名页”

听完“电话会议”的人，将看到第二个网页，就是“13 个月衰退期增收策略”招生报名页。

由于该网页与前面的“2 小时电话会议”网页一样的“简陋”，所以，我们就不截图了。

大家可以在附录 2 里，读到该网页的中文翻译；你一定要全神贯注地把它读完，错过一句话，都可能影响你对大师智慧的理解。

如果你没有读完，请不要往下看；如果你已读完，那么我要恭喜你。

因为，这是由“行销之神”亲手导演、亲自演出的精彩案例，为我们呈现出一幕精彩的互联网成交好戏。

仔细研究这次营销案例，我们会发现里面埋藏着很多“真金白银”；现在就让我们把这些宝贝一一挖掘出来，铺设出自己的“金光大道”。

第三节 无法抗拒的网络成交

我们刚刚领略过杰·亚伯拉罕在2009年3月份导演的“衰退期增收课程”经典案例——尤其是，你已经读完了由行销之神本人亲自撰写的“难以抗拒的成交文案”。

现在我们深入解剖他的整个成交流程，剥茧抽丝，帮你把大师的智慧真正消化、吸收，变成自己的财富。

成交流程导图

我们先来梳理行销之神的整个成交流程，然后再聚焦每个环节逐步分析。

根据行销之神的思路，我们可以把整个成交流程分为3个步骤：

（1）流量：发动联盟伙伴，以佣金做激励，邀请他们发送通知邮件，吸引流量进入“注册页”。

（2）注册：通过一份注册网页文案，吸引浏览者报名参加2小时的免费电话会议“财富发现会议”——这实际是“成交前的鱼饵”。

（3）促销：在线召开的2 小时的免费电话会议，销售13 个月在线学习课程“衰退期增收策略”。

请看下面的成交流程图：

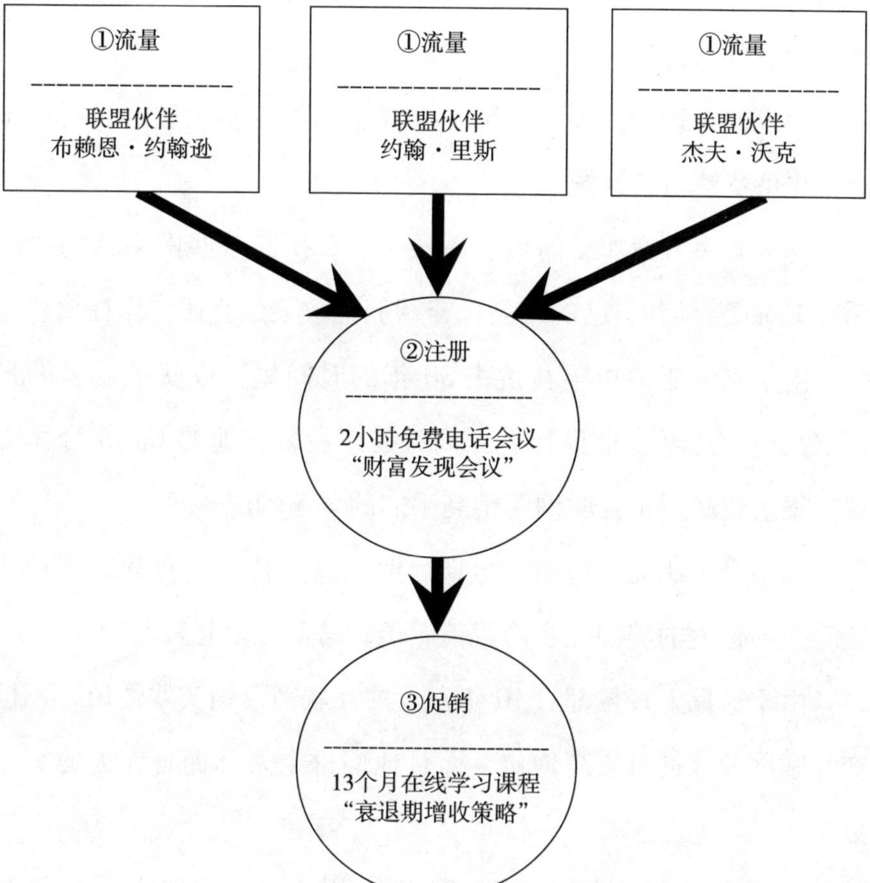

图9 “衰退期增收课程”整个成交流程

现在我们把“流量”“注册”“促销”这三个步骤详细讲解，以便大家深入掌握。

第一步，流量

流量是一个网站的生命线，没有流量的网站是死网站；即使它的产品再好，文案写得再诱人，如果没有流量，没有人访问，那也没有什么价值。

而即使是行销之神，当第一次开始网络营销之旅时，第一步也要先解决流量的问题。

他的解决方案非常简单、高效——直接给一些网络营销的高手写 Email，推荐自己的产品；介绍佣金政策，直述合作提议。

由于杰·亚伯拉罕在过去 30 年的时间里，成就了众多的案例，在美国乃至全世界都有至高荣誉。所以，他的 Email 合作提议，很快就赢得了互联网营销高手们的普遍响应。

以杰夫·沃克、约翰·里斯、弗兰克·科恩、布赖恩·约翰逊等人为代表的美国互联网营销圈子，马上行动起来。

由于这批人每位都有 10 年以上的互联网营销实践经历，不但在互联网领域拥有崇高地位，而且他们每个人都拥有庞大的客户数据库。

其加总起来，总数远超 100 万人以上——这些大多是符合杰·亚伯拉罕要求的潜在客户。

所以，他们各自给自己的“客户”发 Email，于是，半个月时间之内，整个互联网都充斥着“行销之神电话会议”的信息。

当整个美国互联网被引爆的时候，杰·亚伯拉罕所说的“已有250000人在等待这次机会”，真不是夸大其词。

因此，从来没有做过网络营销的杰·亚伯拉罕，从零起步，轻松获得了海量的注册客户，为他后面的促销，奠定了坚实的基础。

而对于杰·亚伯拉罕来说，这些流量是完全无风险的——他只是需要从成交的金额里，支出50%作为联盟伙伴的推荐佣金即可。

这种“后付费”的流量模式，在欧美互联网界习以为常。大家都深深明白“合作才能互利”“整合才能放大”的道理。

无论是贡献客户数据库的联盟伙伴，还是杰·亚伯拉罕本人，都是这种合作的赢家。

我们从事微店营销之初，也应该借鉴这种模式，通过跟“有鱼塘的人”合作，来快速获取海量的目标客户。

这就是我们前面讲过的“微引流”之中最重要的技巧：

无论你的目标客户是什么人，他们一定已经出现在别人的鱼塘里了。与其靠自己的力量一点点积累客户，不如直接跟有鱼塘的人合作，把他们的鱼钓过来……

第二步，注册

我们前面已经全文展示了“2小时免费电话会议”的网页

文案——这张网页非常简陋，像个初学网页制作的“小学生作品”。

但是，它的“诱惑力”实在强大，让人读完之后，难以抗拒，我们把其精华提取出来，概括如下：

“2 小时免费电话会议”精华概括

价值回报：

“电话会议主题为：如何创造衰退时期的多种收入流……它将帮助我、我的事业、我的老板在未来几年的时间里持续发展。”

知识点：

(1) 12 种切换思维：可以为我们在衰退期里打开充满商机与可能性的全新世界；

(2) 25 种独立方法：帮我们发现衰退时期的增收机会；

(3) 42 种衰退逆转方法：可以帮助我、我的家庭、我的事业、我的老板，以及其他老板。

有限性：

每 1000 个人之中，仅有 1 个人会抢到这样的机会（因为已有 25 万人在等待这次机会）。

请注意一个细节，杰·亚伯拉罕在文案里，一反常规，以第一人称“我”来叙述整个报名信息。

让阅读网页的人，不知不觉地就进入了“我要去听电话会议”的“精神诱导状态”——这是一种比较高超的文案技巧。

与此同时，浏览者会读到符合当时社会背景的“衰退期增收策略”，以及大量的知识线索：“12 种”“25 种”“42 种”……

这些数字叠加起来，给人一种知识量、信息量都非常庞大、内容很充实的感觉。

同时，以“千分之一”的稀缺性为“诱因”，大大提升了阅读者的紧迫感与行动力。

当然，最重要的一点是：这是行销之神杰·亚伯拉罕第一次在互联网上做宣传与营销，所以，人们大多会受“巨星号召力”吸引，留下联系方式，注册并报名此次“免费会议”。

根据以往的记录，这样规模的宣传力度，杰·亚伯拉罕的电话会议能够吸引数以万计的世界网民去倾听。

而欧美的电话费用很低廉，所以，2 个小时的“电话会议”并不会对听众们产生太大的“话费困扰”。

这样，杰·亚伯拉罕就轻松实现了网上财富的第二步“注册”——而且轻松获得了几十万潜在客户的联系方式。

这些客户数据库构成了杰·亚伯拉罕的“永不破产的银行”，将为他贡献一辈子的财富与人脉。

“微引流”要实现的目的，就是实现客户的注册，也就是关注我们的“公众号”，或者加入我们的微信朋友通信录。这样我们才可以跟他们互动式沟通。

第三步，促销

杰·亚伯拉罕的促销，是通过“电话会议”实现的，在微信里，我们可以用“公众号文章”或是“朋友圈文章”来替代。

但无论使用何种工具，你都需要一套严密的说服流程，来快速激发客户的欲望，从而实现产品的批量销售。

下面，我们来研究一下“行销之神”是如何在免费电话会议里包装要促销的产品，组织成交术的。

我们把他销售的产品价值点，分条目列举如下：

“13个月培训课程”的成交要点

（1）第一个月免费体验2次语音指导课，跨度为3周。

（2）帮助制订行动蓝图，指导衰退期增收行动。

（3）12个月的持续在线指导。

（4）“联盟促销”的400页文稿课程。

（5）13小时的“强力伙伴”音频课程。

（6）6张CD讲解“创新”，一张DVD讲如何在各种交易之中，变得更有权威。

（7）“你的秘密财富”的手册：近1500页的解说详细、思路清晰、附注解说的案例集。

（8）4 部分构成的语音课程“以物易物创富”。

（9）12 期私人咨询会汇编。

（10）336 个具体案例、成功故事。

（11）每个月分期付款，只需 350 美元；一次性支付只需 3750 美元。

以上的这些成交要点，真让人眼花缭乱；我们可以想象得到：当我们亲耳聆听行销之神的声音，听他一个价值点一个价值点地介绍这个“13 个月课程”时，一定是心潮澎湃、难以抗拒。

尤其是那个“头 3 周免费体验”的提议，直接打消了很多人的疑虑与顾及。

这就是行销之神的智慧，这就是互联网的威力——当两者碰撞在一起的时候，就会迸发出惊人的财富效应。

你只要运用“微促销”核心工具，也就是“成交型文案”就好了——只要你也能创作一份超级有说服力的文案，然后通过公众号，以及朋友圈发出来，那么你的客户一定立即行动，把钱交给你，把产品买回去……

这里，我们基本介绍了“高单价产品”的“微促销”技巧，也了解到，其核心就是一套非常高效的“促销文案”，当然可能是“语音会议”，也可能是其他的形式。

总之，你要通过微店平台，设计一整套有效的“促销流程”，才能把高单价产品快速销售出去。

下面，我们进入本书最难也是最厉害的技巧部分——你将学到，如何使用一篇文案，如何用几千字的文章，就把种种特殊的产品，各种高单价的产品，轻松地通过微店销售出去……

第五章

“微促销”之无敌成交文案

使用微信、微博来快速促销各种产品，是互联网上赚钱速度最快的方法之一，我有很多学员都是这样从零起步，快速获益。

其成功的最大秘密，就是他们掌握了一套让网络客户怦然心动，难以抗拒的成交文案体系。

下面，我们来详细学习。

第一节 快速成交文案 6 步法

请大家阅读本书后面的"附录 3 中医开店创业促销文案"，这份样稿是我从以前指导的一份学员作业里摘录出来的，并做了一定的删减。

这份样稿虽然不算"完美"，但基本展现了"微促销"里"快速成交文案"的全貌。

下面，让我们做详细解读。

无敌成交 6 步法

附录 3 的促销稿，是严格遵守"成交型文案"框架来写的，看上去很简单，却极具杀伤力——因为它是根据一套"框架式话术"来设计的。

这套"框架"就是经过无数次实践之后所总结出来的销售流程与系统。

请注意附录 3 里的"小标题"，我们把它提取出来，就是"无敌成交 6 步法"：

成交文案6步法

（1）破：破除旧观念；

（2）立：为什么要选择本行业或本产品类型；

（3）我：我的产品在本行业里有什么相对优势；

（4）值：价值分析，列示价值及可行性；

（5）价：报价及成交设计；

（6）动：行动呼吁。

整个成交流程是一个步步为营、环环相扣的精密系统。没有哪一个部分是“无用的”，也没有哪两个部分的顺序是可以颠倒的。

“破→立→我→值→价→动”这六大步骤，是我们总结国内外几十年的销售经验，所得出的“文案成交通用流程”。

使用这套流程创作的文案，可以通过公众号群发的方式，销售各种类型的高单价产品以及服务。

客户会不由自主地沿着你的“话术”诱导，进入你的“成交通道”。

他们不会产生太大的抗拒，因为你的“成交过程”完全是根据人们“决策顺序”制订的。

正确的结果，来源于正确的行动；正确的行动，来源于正确的流程；只要流程不出错，结果会自然发生。

下面，我们来深入理解这6个步骤。

第二节 破除旧观念

请考虑一下，人们为什么要购买一件商品呢?

一定是因为人们感觉自己有一些需求没有满足，或有一些问题没有解决。

所以，没有“不满足的需求”就没有“购买”。没有“未解决的问题”，就没有“销售”。

制造不满意

在附录3所介绍的“中医开店创业”项目中，这位“刘医生”促销之前，网络客户对于“开店创业”有需求吗?

不一定!

可能有一些人已经想到了“开店创业”，但也可能有一些人根本没有想过要“开店创业”。

借个比喻来看，一个玻璃杯里，已经倒满了水，你还能再把水倒进去吗?

不可能。

所以，要想再倒水进去，就要先把里面的水倒出来，把玻璃杯清空。

同样的道理。我们不知道微店客户当前对“开店创业”有没有兴趣，但我们知道：绝大多数客户是完全不清楚“开店创业”的价值与好处的。

所以，我们如果一上来就大谈特谈“开店创业”的好处，客户会感觉很奇怪，心里会想：

“我也没想过要开店呀，我对开店没有任何需求呀。你谈的东西，我一点也不感兴趣呀……”

因此，如果你“开门见山”，直接介绍你自己的产品或项目，那就会引发客户反感。

相当于向一杯倒满水的杯子里加水，加多少溢多少。后面所说的、所做的，全是无用功。

所以，在真正讲解产品之前，你必须“制造不满意”“制造问题”。

请注意促销文案里“第一部分”后面的一句话：

> 那么，我想调查一下，各位朋友，对自己目前的创业工具，感到满意吗？

上面这句话，实际上，就是诱发网络客户的“不满意”——当然，我要强调一点，“不满意”实际上是很难“凭空制造”的，它只能从“隐性状态”放大成“显性状态”。

所以，“第一部分”的中心任务，就是“破除旧观念、制造不满意”。

第三者说服术

“破除旧观念”的方法，不是直接告诉别人“你的观念是错的”，而是要“曲线救国”。

请仔细分析下面所介绍的“第三者说服术”：

让别人心甘情愿“破除旧观念”的“第三者说服术”

(1) 你的现状是有问题的；

(2) 这个问题不是你的错；

(3) 错在你缺少某个东西，或有个“第三者”在破坏你。

想说服别人，让别人相信“他自己错了”，这是一件很难的事。因为每个人都不由自主地想“证明自己是对的”——这是潜意识的基本规律。

即使一个人真的做错了，他也会想办法找个理由，说服自己，让自己相信这是对的。错的永远都是别人，都是外界，都是环境。这种现象在社会心理学上，叫做“自我服务偏见”。

自我服务偏见

人们常常从好的方面来看待自己，当取得一些成功时，常常容易归因于自己。

而做了错事之后，怨天尤人，把它归因于外在因素，即把功劳归于自己，把错误推给别人。

它是一种主观主义的归因偏见表现，称之为“自我服务偏见”。

“自我服务偏见”这种现象非常普遍，几乎人人都有。因此，要想“说服别人，让别人相信旧观念是错的”，这是非常不容易的。

我们不能直接批驳别人的观念，而应该利用“自我服务偏见”，把“批驳的矛头”指向“第三者”，为“错误”找一个“替罪羊”。

人们很容易接受“第三者把自己耽误了，让自己失败”的观念。因此，“破除旧观念”一点也不难。

在“中医开店”项目“第一部分”里，“刘医生”并没有说：“你们创业失败，赚不到钱是因为你们不努力、不勤奋、不聪明”。

相反，“刘医生”说：

正因为有了缆车这个现代化的工具，所以，我们可以用最小的付出，获得最快的回报。

而没有这个工具，你即使再努力、再拼命，也是收获有限。

所以，人与人之间的差别，就是工具选择的差别！

他反复强调的是“工具的重要意义”。这样微店客户就自然而然地接受了，他们会想：

“对啊，之所以我创业失败，赚不到钱，不是我的错，而是工具的错……”

这样客户马上接受了“刘医生”的观点，内心深处迫切希望刘医生可以帮他们找到“更好的工具”。

在这里，你不要“上纲上线”，认为“刘医生”是个“利用人们心理弱点的奸商”。

实际上，这种“第三者说服术”是无处不在的。你跟你的下属沟通，你跟自己的上级沟通，你跟老师沟通，你跟家人沟通……

无论你跟谁沟通，当你希望别人“虚心”接受你的观点时，你都不能“直来直去”地批判别人，然后把自己的观点“强加”给别人。

而应该借鉴“第三者说服术”的模式，让别人心甘情愿地听从你的建议。

这是开展社会交际、处理人情世故的基本技巧，根本算不上什么“不正当的手段”。

相反，如果你连这一点技巧都不懂，那么，你很难跟各种人沟通，很难在社会上立足。

因此，在“促销文案”里，一定要先运用“第三者说服术”技巧，帮人们指出一个“罪魁祸首”——当客户“恍然大悟”时，他们的内心就已处于“不满意”“有问题”的状态了。

比如，我们要销售一款美容护肤产品，可以这样“破除旧观念”：

> 为什么坐在办公室里的女孩子花了那么多钱，买各种各样的护肤品，结果，一年到头，脸上还是经常冒小痘痘呢？
>
> 关键的原因，不在于你们的皮肤是干性还是油性，不在于精华液好不好，不在于面膜好不好……
>
> 关键的原因，就是你们每天对着电脑，每天都处于高频电磁辐射的办公室里……
>
> 躲在妈妈肚子里的胎儿，都可能被电磁辐射成畸形儿，更何况你们那薄薄的一层皮肤……

当一群女性朋友第一次接触你的产品时，她们是对“新型护肤品”没有概念，也是没有什么需求的。

但是，一旦我们帮助她们找到“第三者罪魁祸首”，而这个“祸首”是她们一直都没有注意过的对象时，她们就会马上由“满杯心态”，进入“空杯心态”；由“满意自己现在所用的护肤品”，进入了“不满意”的状态。

这种技巧是非常常见，也比较有效的。用于破除旧观念，几乎是百试百灵。

当一个人处于“空杯心态”时，就很容易把新观念、新思维填进去。

先破后立，不破不立。

接下来，就是“第二部分”。

第三节 确立品类

当你要向别人展示自己是多么厉害的时候，千万不要上来就谈自己有什么特长、自己有什么优点，而应该巧妙地“借力”。

为什么要选择本行业或本品类

夸自己也要有技巧，那就是：要夸儿子，先夸老子。

换句话说，你不要直接描述自己多么好。而要先告诉别人：你的背景有多大、后台有多硬……

比如，介绍一个产品多么好，不要先说产品本身，而应介绍这个“发明人”是多么的厉害。

介绍一个学生多么优秀时，不要直接夸这个学生，而应先说他的老师是谁，这个老师有多么棒。

推荐一个项目时，也不要直接描述这个项目特点，而应先说这个项目所处的行业有多么好，发展多么快，未来多么有前途。

套用一句台词，你要先告诉别人：俺上面有人……

我们再看看附录3里的“刘医生”，他没有直接说“五行点穴法”是多么棒，而是先大谈特谈“中医开店”是多么好。

他提到了“中医开店”的三大优点：

(1) 中医的利润空间高。

(2) 中医的个人品牌很重要，不容易形成价格竞争。

(3) 能锁定顾客终生，持续消费。

由于他没有提“自己”，而是谈“中医”，所以，很容易被网络客户接受——否则就有点“王婆卖瓜”之嫌了。

同时，刘医生所列举的“三大优点”是真实存在的，并没有虚构，而且有根有据，列举了真实的数据与行业信息。

让人感觉刘医生说得非常专业而可信，自然很容易认同这3个优点，也就认同了“中医开店”。

从最初的“不了解中医开店”，到“认同中医开店”——这个思维转换是极为重要的。

因为人们都有“爱屋及乌”的心理特征，一旦认同了某件事物，那么也会认同与其相关联的事物。

所以，当刘医生还没有开始讲“五行点穴法”有多么好时，人们就已经认同了“一大半”了。

这是一种极为重要的说服技巧。它同时还具有深刻的“消费心理学”意义。

用品牌表达品类

“消费心理学”有一个重要的现象，那就是：人们购买的不是“产品”，而是“品类”。

消费者通常以品类来思考，但用品牌表达品类。

当一个消费者走到小超市里，想买饮料时，他实际上考虑的不是“买百事可乐，还是买可口可乐”；而是“买可乐，还是买凉茶”。

一旦他认定买“凉茶”，就会直接问服务员：“请给我一罐王老吉。”——他口中说的是“王老吉”，实际上他想说的是：“我要喝凉茶。”

他之所以脱口而出的是“王老吉”，而不是“凉茶”，那是因为，在他大脑中的“凉茶品牌阶梯”里，王老吉排在第一位，所以，王老吉就是凉茶，凉茶就是王老吉。

因此，产品之争，实质上是品类之争——人们是以品类为界限来比较产品的，不同类产品，人们不会去比较。

所以，瑞士机械表如果定位为“计时工具”，跟日本石英表比精确度，那它完全没有竞争力——但是瑞士人很聪明，不把机械表当“计时工具品类”来卖，而是进入“奢侈品”品类里，当豪华奢侈品来卖。

由于“不同品类不能比较”，所以，人们也不会在意机械表的“不精确”了。

所以，产品定位的一个关键，就是“确立一个能让自己立即成为第一品牌的品类”。

你要想让消费者购买你的产品，你就必须告诉别人：

这个品类最适合你，而我的产品是这个品类里最好的。

当消费者认同“品类”之后，就会考虑下面一个问题：“谁是这个品类里最好的?”

第四节　确立品牌优势

当刘医生开始讲“五行点穴法”之前，网络客户的心理已经发生了巨大的改变。不但已处于“空杯心态”“渴望心态”，而且已经开始认同了“中医开店”。

那么，剩下的事情，就是“到底该选择什么样的中医开店项目”了。

所以，刘医生只要在“第三部分”里，讲清楚自己的产品在“中医开店”行业里的相对优势即可——网络客户不会有任何抗拒，因为他们感觉这就是他们想知道的。

刘医生谈了“五行点穴法治乳腺增生”的 3 个优点：

（1）收益高：普通中医服务才100元、200元；而这个项目一次就收1300元；

（2）患者多：中国有2亿患者，市场巨大；

（3）见效快：30分钟见效。

这3个优点也比较有说服力，尤其是第3条“30分钟见效”，让人很震撼。

消费者为结果付费，消费者为速度付费。

中医治疗给人留下的一个印象，就是“慢”——所谓“三分治、七分养”。

人们很多情况下愿意去看西医，就是通常以为“西医见效快”，不像中医那么麻烦。

但是，“五行点穴法”却与其他的中医项目不同，它30分钟见效，而且不吃药、不针灸，仅靠手法按摩，完全无痛、无副作用。

这个优势是非常明显的。

因此，网络客户自然会推导出这样的结论：要想选择“中医开店”项目来创业，“五行点穴法”就是最合适的。

这种技巧并不难掌握，我们可以把它应用到各种产品中去。举个例子，假如我们要销售某款老年人专用的手机，可以先确立“品类”——“过年回家不送礼，送礼就送老人手机”。

接下来，再确立“本品牌在老人手机里的相对优势”：

我们厂的老人手机，有3个突出的特点：

（1）待机时间比普通老人手机长50%；

（2）拥有测血压功能，可以随时检查老人身体状况；

（3）紧急呼救功能，可以一键拨通家人号码及120电话。

网络客户本来没有打算买手机做礼品的，但是，一旦你让网络客户感觉“老人手机比其他礼物更合适”时，他们就会考虑要买哪一款老人手机。

而当你介绍完上面的3个优点之后，他们就想：“哦，既然他们厂的老人手机有这么多功能，很适合老人家使用，那要买老人手机的话，当然要优先买他们厂的。”

这就是确立品牌优势的重要意义——它起到了承上启下的关键作用，把本来不了解、不相信自己产品的网络客户，引导入“空杯心态”，并对本产品产生兴趣。

既然网络客户已经有兴趣了，那么，接下来是否就可以成交了呢？

还差得很远……

第五节　价值分析

完成上面3个步骤，才刚开始进入正题。接下来，你要花大量的篇幅来深入分析产品的具体好处及价值，以及是否适合当前的网络客户，是否可行。

我们看一下刘医生是如何介绍“五行点穴法”的：

> 渊源介绍：已有100多年的历史，祖传手法。
>
> 效果见证：如果不相信，可以带一个患者来，我亲自给你做示范。
>
> 学员条件要求：这套点穴手法，任何人都可以很快学会。
>
> 赢利潜力：一年就可以赚30多万元。
>
> 成功案例：我几乎没有做什么宣传，完全是靠口碑，每个月都有30多个人找上门来。

刘医生在“第四部分”才详细而全面地展开对“五行点穴法”的介绍。

从“渊源”“效果”“学员条件要求”“赢利”“成功案例”这五个方面讲解了“五行点穴法”的优点及好处。

这里面最大的亮点，就是“效果见证”。

“五行点穴法”最大的抗拒点，就是“30分钟能见效”吗？针对这个潜在客户最大的抗拒，“刘医生”提出一个让人不得不信服的解决方案：

> 你们上门来学的时候，如果不相信，可以带一个患者来。

我亲自给你做示范，如果在30分钟之内，肿块不消失，我不收你一分钱学费，反赠你1000块钱……

这个“承诺”实在是威力巨大，让人感觉“刘医生”非常自信。

“促销文案”有一个很大的难点：很多网络客户在读文案之前，都没有见过，甚至没有听说过该产品的主人。

因此，在没有事先了解与认知的基础之上，想完全通过一份文案，就让网络客户建立起对产品主人的信赖感，是不太容易的。

如果是面对面的公众演说，情况还好点——毕竟观众还能见到主讲人的样子。

但是，在“促销文案”里，网络客户连品牌主人的样子都见不到。这可就为“信赖感”的建立，提出了一个挑战。

尤其是“五行点穴法”这样“超速见效的中医治疗法”，更是有点“超出人们的常识”。

人们不会购买他们不相信的东西，人们也不会相信他们不能理解的东西。

所以，以上的问题就迫使“刘医生”必须提出一种让人彻底放心的“解决方法”。

“带患者来现场”这一提议是非常有力的，恰到好处地解决了网络客户的最大抗拒。

所以，“第四部分：回报价值及可行性分析”最重要的目的，就是解除人们最大的抗拒点。

而前面都只是引出这一部分的铺垫——前面即使讲得再好，如果你不能打消客户的“疑虑”，那后面就无法成交。

而一旦“价值分析”这一部分讲好了，后面的报价就水到渠成。

第六节 报价及行动呼吁

刘医生这里采取了一种非常有杀伤力的报价方法，适合于多种产品及行业，让我们详细分析这种“三阶段报价法”。

三阶段报价法

他先跟大家说，价格是 39800 元——他当然事先知道这个价格是大多数人无法接受的。

39800 元就是“烟雾报价”，这是很常见的谈判技巧——先开一个对方无法接受的高价格，再寻找理由降下来。这就让人感觉“后面的价格很便宜”。

当然，他不是报高价之后立即降价，而是费了点口舌，来证明这个价格是“值得的”。

比如，刘医生这样说：

虽然有点高，但是我们知道，投资了 39800 元，就可以锁定一年 30 多万元的稳定收入。

学会了“五行点穴法”之后，你一个病人收 1300 元，收治 30 个病人就可以收回投资——也就是说，一个月就可以收回投资了。

他为什么要“证明高价合理”呢？

原因是，如果你不能证明“高价是合理的”，那么，你的“虚高的烟雾报价”就没有支撑点，就会被人一眼识穿。

如果你的“烟雾报价”构建失败，那么后面的“真实报价”也就失去了“吸引力”。

所以，“烟雾报价”做得越扎实、越逼真，后面的“真实报价”就显得越优惠，越有吸引力。

这就为后面的“靠价格优惠来唤起行动力”留下了机会，为整场促销成功打下了坚实的地基。

因此，我们总结出“三阶段报价法”：

三阶段报价法

（1）报高价，为后面的成交做掩护；

（2）夯实该报价，证明其合理性；

（3）突然降价，瞬间激发成交行动力。

我们来看看刘医生是如何把“烟雾价”转到“真实价”，并产生巨大“成交吸引力”的：

> 你第一期首付9800元，我把所有的方法都教给你。从第二个月开始，后面3个月里，你每个月月底30号之前，再支付1万元来补交学费。

请注意刘医生的陈述方法，乍一看，总学费还是39800元；但实际上，真正的学费只有9800元。

而刘医生真实的意图，就是9800元——他从来没有想过，真的会有学员把后续的3万元再交给他。

一旦转换陈述，其吸引力就立即上升。网络客户会感觉真是难得捡到了一个便宜，碰上一次极为优惠的好机会。

所以，相比于“39800元”，这个“首付9800元”的吸引力实在太大了，也实在太便宜了。

真的让人难以抗拒。

这种“首付+后付”的方法，有较大吸引力，可以把“烟雾高价”顺利过渡到“真实报价”，并直接促成“成交行动”。

同时，还要提示一个细节。

报价陷阱

这里，我要补充一个非常重要的细节：

你千万不要提出什么“先试用、后付费”之类的提议。

这种提议虽然容易让网络客户信服，感觉没有任何风险；但是，这样会大大影响你的收益，给你带来巨大的风险。

人们为什么掏钱?

人们为“未满足的欲望”掏钱，而不是为“已满足的欲望”掏钱。

人们掏钱行动力最强的时刻，不是欲望被满足的时刻，而是感觉欲望马上就要满足，近在咫尺，触手可及却还没有到手的时刻。

但是，一旦人们触及到解决方案，其欲望度就会立即下降。掏钱的可能性也立即下降。

所以，如果你给人们“先试用，后付费”的提议，那么，就会直接导致2个后果：

（1）很多欲望度低、本来不打算买的人，也会申请试用；但是，由于他们本来就不想掏钱，所以，拿到产品之后，也不会掏钱。

（2）很多原本欲望度高、打算掏钱的人，也不愿意掏钱了。他们也会申请试用，但是一旦用过之后，欲望度降低，最后也变成不愿意掏钱的人了。

因此，“先试用、后付费”的提议，只适合“临街的包子铺”，不适合互联网。

你不要试图挑战人性——我们多年实战的结果就是，无论是多么厉害的营销大师，也解决不了“已拿到产品的人，如何让他们掏出钱来”的难题。

更可怕的是，一旦人们决定“违约”，拿了产品却不给钱；他们内心深处就会产生“愧疚感”——这种感觉会直接迫使他们不再跟你联系，也怕再见到你。

你的电话他不会接，你的微信消息他也不会回复。他甚至会把你“拉黑”，再也不跟你联系。你就相当于永远失去了一个客户。

所以，“先试用、后付费”的后果是非常严重的。既伤害了你，也伤害了他。

除非你所提供的“试用品”仅是另一个“鱼饵”，可以激发出更大的欲望，可以追售出更大的销售业绩——否则，你千万不要当什么相信“人性本善”的“活雷锋”。

零风险承诺

此外，在“报价技巧”里，零风险承诺，也是比较有效的，而且越来越成为一种“标准配置”——有了它，不会“加分”；但没有它，就会“减分”。

刘医生在报价里补充了一个“零风险承诺”：

> 请大家放心：如果你在学习30天内，感到不满意，我们将100%退款。大家没有任何风险。

这对于成交起到了不小的支撑作用，给那些还有一点疑虑的网络客户，吃下了一颗定心丸。

零风险承诺很简单，举例来强调一下。

“卖老人手机”可以这样说：

> 如果在一年之内，对我厂的老人手机不满意，我们免费包换，连运费也由我们出。

“卖治痘痘产品”可以采取类似的说法：

> 使用我们的“去痘灵”，在一年之内如果又生小痘痘的话，你把照片发过来，我们马上把钱退还给你。而且你不必寄回产品。

以上就是零风险承诺的用法。把它跟“三阶段报价法”结合起来，就构成了完整的“报价”部分。

后面的“行动呼吁”部分是最简单的，只要把前面的内容再简练地概括一下，并说明报名方法即可。

以下我们重点强调一下行动呼吁中的“收款技巧”。

收款技巧

由于互联网上的“促销文案”都是在“公众号”或朋友圈里进行的，所以，收款时，除了在线支付以外，还可以采取“打电话”或“发微信消息”来预定，事后货到付款的方法。

对于高单价产品，我建议大家采取“货到付款”的方法。这样可以大大打消网络客户的疑虑——他们付款给快递员时，又可以开箱验货。这又减少了他们的抗拒。

第七节 6 步法全面回顾

“破→立→我→值→价→动”这 6 个字概括了前面所讲述的内容。

现在我们全面回顾一下，并加深对它的认知。

全面回顾“6 步法”

“无敌成交 6 步法”不是什么神奇的“文案魔法”，它只是真实世界里，人们购买一件产品前后的自然决策过程。

这个决策过程用通俗的话来讲，就是：

购买决策6个步骤

(1) 我有什么不满意的地方吗?

(2) 我应该选择什么类型的产品呢?

(3) 这个产品是这个类型里最合适我的吗?

(4) 这个产品的具体信息是什么，值得我现在买吗?

(5) 它到底多少钱? 贵不贵?

(6) 我现在就要买吗? 如何购买呢?

作为微店营销的实践者，我们所要做的，只是加速人们决策的过程。

没有人可以欺瞒消费者，让他们买回根本不需要的东西——那就违背了市场经济“自由交换”的法则，不但不会增加社会财富，反而会消灭社会财富。

所以，“促销文案”更准确来讲，应该叫“决策辅助工具”。文案只是帮助网络客户更加清晰自己的问题，从而找到更好的解决方案。

因此，我们所有的技巧，其成立的大前提，就是你所吸引到的微店客户，都是对该项目有兴趣的潜在消费者。

我们不会魔法，不能把海水卖给水手，不能把冰块卖给爱斯基摩人——我们只能把产品卖给真正需要他们的人。

所以，产品与客户需求的匹配，是非常重要的。

此外，我要强调一点：

成交力来源于可信性，可信性来源于真实性，真实性来源于案例及故事。

文案内容之中，故事及案例会大大增强你的“可信性”及“趣味性”。

所以，切忌你的“文案”平淡无奇——每个部分恰到好处地讲一到两个故事，这会让微店客户聚精会神，一步一步顺着你的安排成交下去，而不会分散注意力。

但是，故事与案例，也不要放太多：

“故事”相当于给你的文稿加点“盐”，但加太多了会“咸”。

很多人对于自己的产品太过自信了，滔滔不绝地大谈特谈过去的成功案例……结果，成交反而不好。

原因就在于他破坏了“6 步法”说服架构——架构比故事重要，因为人们体验的，是自己的“决策流程”，而不是你的“光辉岁月”。

我有很多体验：很多人即使有大量的可信性证据，也一样成交效果不好——原因是，他根本不懂成交。

成交力 = 信任度 × 欲望度

讲得太多，反而破坏了“欲望度”，自然也破坏了成交力。我们的经验是，文案可以在5～30分钟之内读完，就恰到好处。

综合练习

现在我们结合“无敌成交6步法”，做一些其他产品的练习。

比如，你是卖去痘痘的药妆，你的产品主打卖点是“养肤胜过盖肤”。

那么你可以安排这样的说服流程：

（1）为什么普通去痘的产品会伤害你的皮肤？

（2）为什么要选择“养肤品”，而不能选择“盖肤品”？

（3）为什么我的××产品是“养肤品”里最有优势的？

（4）使用“××养肤品”10天有什么效果，30天有什么效果，未来有什么效果，适合哪些人群？

（5）为什么我的“××养肤品”价格很便宜？

（6）为什么要现在就购买“××养肤品”？

再比如，你是销售英语培训课程的，你的产品主打卖点是“60天加薪”。

那么，你可以这样安排说服流程：

（1）为什么普通的商务英语学习，不会帮你晋升加薪？

(2) 为什么要学习“加薪英语”，而不是“传统商务英语”？

(3) 为什么我的××品牌英语课程，是“加薪英语”里最实用、最快见效的？

(4) 学习“××加薪英语”具体帮你解决哪些问题，有什么直接的回报？

(5) 为什么“××加薪英语”价格很便宜？

(6) 为什么现在就要购买“××加薪英语”？

再比如，你是销售婴幼儿奶粉的，你的产品主打卖点是“新西兰××牌进口奶粉”，那么，你可以说：

(1) 为什么不能让婴幼儿喝国产奶粉？

(2) 为什么应该买新西兰进口奶粉？

(3) 为什么“××牌”是新西兰进口奶粉里最好的？

(4)“××牌”奶粉对婴幼儿有什么具体好处？

(5) 为什么“××牌”并不是特别贵？

(6) 为什么现在就要买“××牌”？

比如，你是卖针对女白领的“定制韩装”，主打卖点是“韩国师傅网上定制”，你可以这样讲：

(1) 为什么不能买工厂批量生产的女装？

(2) 为什么应该穿“时尚韩装定制”的女装?

(3) 为什么“××牌”的“定制韩装”更适合你?

(4)“××牌”定制韩装对女白领有哪些具体的好处?

(5) 为什么“××牌”定制韩装并不贵?

(6) 为什么现在就要下单定制?

经过上面4类产品的练习，相信你已经越来越明白这套话术的基本流程了。

所以，你应该越来越相信你自己：只要把一份无敌成交文案写好，只要能吸引到一批微店客户，那么，你也可以轻松地成交客户，轻松地赚钱。

综上，我们详细介绍了高单价产品的“微促销”文案系统。你可以根据自己产品的情况，灵活应用。

这套文案也可以应用到网页上、书面传单上……其道理都是相通的。

同时，“三微营销系统”的“微引流”“微沟通”“微促销”这三大部分，也就基本介绍完成了。

再回顾一下这三个要点：微引流就是“找朋友”；“微沟通”就是“交朋友”。而“微促销”就是“求朋友”。

这三个要点组合起来，就是进行微店营销的完整流程与系统模型。

更多的操作性细节，您可以联系我们的微店专家，让我们的专家来帮助您。

此外，我还要强调一点：您一定要保持头脑清醒。

“三微营销”是基于“客户模式”的微店营销系统，适合中小企业的快速营销与推广。但其发展的速度及格局，都是受到“客户模式”本身限制的。

如果您的视野更宽广、格局更开阔的话，如果您不满足于“客户模式”的营销推广，而希望可以更快速地占领市场、超越竞争的话，那么，您一定要学习后面的知识。

让我们超越“三微营销”，在更高境界上来探索微店赚钱法则与商业模式……

第六章

资源模式下的“微店营销”

本书开篇即已阐明，任何企业的商业模式，无论如何变化与复杂，本质上都是源于3种模式，即其一，客户模式；其二，资源模式；其三，资本模式。

对于企业来讲，这三种模式所驱动的发展速度截然不同。客户模式像走路，成本低，速度慢；资源模式像火车，成本高，速度快；而资本模式像飞机，成本最高，速度最快，但风险较高。

真正优秀的企业家，一定要看清楚这三种模式的利与弊。考虑清楚自己目前的状况，然后选择一种合适自己的模式，择善从之。

但无论如何，我们都要承认，格局决定布局，布局决定结局。绝大多数成功的互联网企业，都是“客户模式”“资源模式”与“资本模式”三管齐下，才迅速成长起来的。

今天企业之间的竞争，不仅是客户的竞争，更是资源的竞争与资本的竞争。

所以，本书要面对那些有更高格局的企业家，介绍超越“客户模式”的微店营销之道。

本章作为“客户模式”的升级，从“资源模式”来谈企业家该如何从事微店营销。

第一节 4R 资源整合系统

从资源整合角度出发找客户，犹如“顺水行舟”，非常容易。

所以，无论你目前经营任何企业、营销任何产品，思考的出发点都应该是先梳理一遍自己所拥有的资源，或者是自己能整合来的资源。

只要拥有相关的资源，再利用微信平台来聚集客户，就易如反掌。

资源整合做红酒品牌

我们通过一个案例来了解如何用“资源模式”做微店营销：

整合媒体做红酒品牌

我们有一个石家庄女老板学员，是做保健红酒生意的。她自己设想的红酒推广方法，就是结合网站及微信，到处发布二维码，抓取客户名单，然后培育客户信赖感，最后促销卖产品——完全是“客户模式”的营销设计。

在经过我们辅导之后，她的观念立即改变。她根本不需要原来的方式，慢慢地推广红酒。她身边本来就有大把的资源，可以轻松整合进来卖红酒。

她认识本地最大的报纸媒体的老总，在我们的启发之下，她决定在该报纸上面，做一场为期三个月的“品红酒、领奖金”的活动。

活动大意是：征集100个市民，免费来领取我们的保健红酒。第一天要先进行体检，测量血压、血脂等健康指标。然后，在我们的指导之下，每天免费饮用我们的保健红酒。

如果能坚持1个月，奖励该市民1000元；坚持2个月，奖励2000元；坚持3个月，奖励3000元。

在活动期间，每周通过报纸来报道这100个市民的饮用状况及身体状况……

同时，通过微信等工具跟广大市民进行互动……只要该活动举办起来，很快这个保健红酒的品牌就可以在本市打响……

像这样的案例，我们帮助学员策划了很多。普通人会把这样的策划当成“创意营销”“事件营销”来看。

但是，我们深知，这些所谓“创意”“事件”的背后，都有“资源”在起着决定性的作用。

如果这个女老板不认识报社的老总，而仅靠广告去做宣传的话，那广告费会高得吓人——不用说连续报道3个月，就是30天也会让企业大出血。

大家不要看新闻媒体上天天鼓吹的什么“创意营销”的精彩案例，那些招商银行、星巴克、飘柔……大品牌的微信案例再精彩、再有创意，其成功的本质都不是“创意”，而是“资源”。

所以，你没有这些大品牌的资源，就根本无法复制他们的微店营销创意。

但是，你也不用气馁，因为，再小的企业，都有一些属于自己的资源，或者可以去外部整合一些资源回来。

微信只是一个工具，微信不会凭空给你创造资源，它只能帮你把原来的资源利用起来。

那么，该如何梳理资源，并整合资源呢？下面介绍一套我本人在实践之中总结出来的“资源整合”系统。

4R资源整合系统

我自己就是资源整合的受益者。5年前，我的网络营销的玩法，就是“客户模式”，拼命地靠自己公司的力量去宣传与推广。

后来，我切换入“资源模式”，不但工作轻松，而且企业发展比以前快了10倍以上。

在我自己亲身经历的基础之上，我总结出一套“4R资源整合系统”，现在跟大家分享如下。

所谓“4R资源整合系统”，就是指你要做到“4个R”，就可以不断发现优质的资源，并且能为自己所用，最终实现所有合作方的共赢。

我绘制该系统的模型如图10所示：

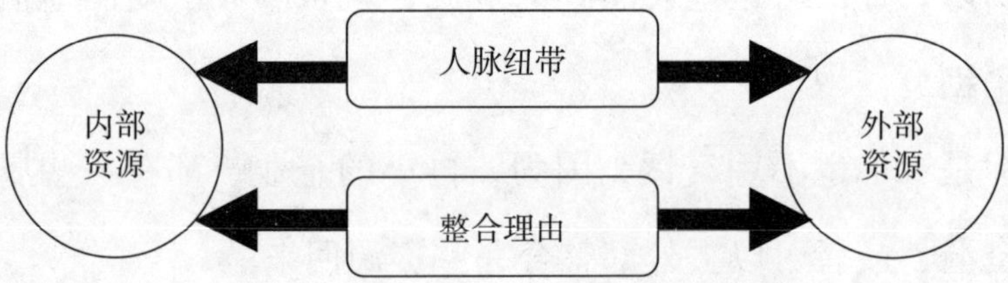

图10　共赢机制

图10中有4个关键要素，分别是“内部资源”“外部资源”“人脉纽带”和“整合理由”。

我把这4个要素具体解释如下：

（1）内部资源（Interior Resource）：你自己有什么资源，是别人需要的，可以拿出来跟别人整合。

（2）外部资源（External Resource）：有什么样的外部资源，是你所需要的，也是你能为其创造价值的。

（3）人脉纽带（Interpersonal Relationship）：你通过什么样的人或中介，可以找到你想要的外部资源。

（4）整合理由（Cooperation Reason）：通过什么样的项目，安排什么样的分配机制，可以把内外资源整合起来，一起共事。

上面的4个要素里，都含有“R”这个字母，所以我称之为“4R资源整合系统”。

无论你做什么样的项目，整合资源的过程，基本上都离不开这4个要素。

4R盘点

本书中所介绍的2个经典的营销案例，一个“冰热”，一个“杰·亚伯拉罕”的促销，其成功的关键，既是营销思维的精巧策划，更是因为其原来就储备多年的“外部资源”。

如果“冰热”的老板以前不认识媒体的朋友，他怎么知道这些媒体会有“卖不掉的垃圾广告位”呢？

如果杰·亚伯拉罕不认识杰夫·沃克、约翰·里斯、弗兰克·科恩、布赖恩·约翰逊等网络营销专家，如果没有人帮他推广，就算他有厉害10倍的销售文案，也毫无用武之地。

所以，做好企业，“实力”很重要，“关系”更不可缺少。而资源模式下的“微店营销”，只不过是“把资源变客户”的一个转换工具。

在我看来，这4个“R”，着眼点各有不同：

（1）内部资源：追求专业化、专注化。应该做减法，聚焦精力，把企业核心竞争力发挥到极致，使外部竞争者难以赶超。

（2）外部资源：追求目标化、项目化。你要清楚自己想实现什么目标，然后倒推出来，自己需要什么样的外部资源，然后有针对性地发展这方面的人脉关系。

（3）人脉纽带：追求多元化、高层次化。应该做加法，不断扩充自己的人脉库。今天交的朋友，可能不知道未来有什么作用，但说不定哪天就可以帮你解决大问题。

（4）整合理由：合作机制一定要多方共赢，各取所需。同时要胸襟宽广一些，获得合作伙伴的尊敬与利益共赢。同时，合作的项目必须能吸引外部资源的兴趣，让对方感觉“你有利用价值”。

所以，每天闷头困在企业里，对外不闻不问的企业家，也是不对的，应该放大自己的视野与格局，不断去接触外部的人与事，不断交朋友，不断整合资源做大事。

下面，我们再通过一些案例来讲解“资源模式”下，该如何做微店营销。

第二节　利用资源做“微信”的精彩案例

由于微信是直接面向客户的，所以，如果你想通过资源整合的方式来拓展你的微店客户，那么，你就必须重点关注 2 种资源。

第一种，媒体资源。因为它们本身就拥有最广泛的阅读群体，这是首先要考虑的资源。

第二种，异业联盟商家。他们可能拥有你所需要的目标客户，而不跟你产生直接竞争。所以，你可以找出来进行整合。

关于媒体整合的案例，我们前面在“冰热”里已经讲过了。

接下来，讲一个整合“异业商家”资源的案例。

汽车礼品的微信策划

汽车礼品的资源整合

我们有一个学员，是做汽车礼品的。他原来的销售模式，就是直接把汽车专用的礼品，批量推销给 4S 店。

在我们指导之下，他决定拓展业务，直接把汽车礼品推销给广大的汽车车主。然而，如果直接开网店，再使用微信来开发客户，那速度太慢了，也没有必要。

根据我们“4R 资源整合”策略，他设计了一个非常快捷有效的销售策略。

他直接找到以前做过生意的 400 多家 4S 店老板，跟他们说：

“现在微店营销是大趋势，每家 4S 店都应该启动微店营销。但很多老板又不懂，所以，我帮大家做微店营销的托管与代运营业务。完全免费帮大家做。”

“但是，为了弥补我公司做微信代运营的成本开支，我有一个小小的请求；就是当我帮你们把车主吸引到你们各自的微信公众号上面，构建你们自己的客户数据库之后；允许我向你们的客户推销一些小小的汽车礼品，反正我不会泄露你们的客户资料，也不会卖劣质的产品……而且，我推销成功的话，还跟你们分成……”

他的提议很快就得到了众多 4S 店老板的认可，只要一启动，他就可以迅速获得海量精准车主客户……

实际上，只要懂得了“微信”的操作知识，“微信代运营”的成本费用并不高，维护 400 个公众号并不需要很多人力。

这位学员由于掌握了我所讲解的“资源模式”，所以，做起“微店营销”来，就起步极快，成本极低。

因为每家4S店都有上千名老客户，他在4S店里面挂上一些二维码，再群发短信给这些老客户，通知他们“关注”各自所在的4S店公众号即可。

于是，他可以轻松获得几十万个精准车主名单，而且成本低得几乎可以忽略不计。

像这样的策划，我们做过很多。很多企业老板在我们的指导下，都可以轻松获得海量的精准客户，而且没有任何额外投资。

这就是“资源模式”的巨大威力。

下面，我们来看一下，到底有哪些资源可以马上为自己所用，我们来梳理一下身边可以立即整合的资源。

外部资源的梳理

我们每个人都拥有无穷无尽的外部资源，只是大多数资源在你身边沉睡，你却视而不见。

第一，老客户资源——几乎每家企业都有一些优质的老客户。你只要做一翻筛选，就可以找到很多重要的老客户。

他们不但了解你的产品，相信你的品牌，而且他们本身就拥有一些相当不错的资源，可以帮你解决问题。

第二，异业联盟资源——你的客户一定在别人的鱼塘里，一定已成为别人的客户了。你只要观察老客户的消费踪迹，就可以发现很多可以合作的异业联盟商家。

为了跟这些异业商家合作，你必须设计一个对方感兴趣，而且可以共赢的合作方案——就像“汽车礼品”这个案例，他们就很“讨巧”地设计了“微信代运营”的业务，争取到了合作机会。

第三，行业协会资源——几乎每个城市、每个行业都有一些行业协会组织，会经常组织一些活动。

你只要经常参加这些活动，就可以结交大量的人脉资源，当然也就有了合作的潜在对象。

第四，培训公司资源——不要小瞧培训公司，中国有300万个爱学习的企业老板，这些老板的资源都在大大小小的培训公司手中。

你只要经常参加培训公司的课程，就可以轻松获得大量的高端人脉。

培训班上的同学们，共同学习过、交流过，彼此知根知底，更容易达成合作意向。

以上，我仅列举了几个获得外部资源、结识外部人脉的渠道。其实，这样的渠道还有很多，只要你主动去寻求，就会不断有优质的人脉出现在你身边。

总之，你要记住：

（1）客户模式赚钱，是做加法，发展太慢；

（2）资源模式赚钱，是做乘法，发展很快；

（3）资本模式赚钱，是做乘方，速度最快。

优秀的企业家对自己企业的发展，必须具备战略意识，必须认清未来的发展方向，从而“判势”“择势”并“顺势”。

只有“顺应趋势”，才能“乘风破浪”“扬帆远航”。而企业发展的趋势，基本上就是由“客户模式”，走向“资源模式”，最后进入“资本模式”。

我们作为中国微店系统的开创者，也成立了“商学院”，有非常完善的培训及咨询系统，已经帮助众多企业打造并落地实施“客户模式”“资源模式”及“资本模式”的赢利系统。

本章作为前面各章内容的升华，简略提及“资源模式”的操作思路及手法，希望大家可以结合自己的实际，灵活运用。

实际上，资源模式与客户模式在微店领域，一般是结合使用的，既要吸纳自己的客户进入微店平台，也要吸纳别人的客户进入自己的平台。

企业微店的运营主管，应该侧重于“客户模式”，大量地进行引流、沟通及促销的日常操作。

而企业老板应该重点做“资源模式”，通过资源整合来迅速扩大微店的客户数量，实现跨越性增长。

所以，我们建议您多买几册本书，赠给全公司所有与微店运营相关的同人，这样才能上下齐心，统一思想，分工合作，打好微店的营销战役。

附录1　杰·亚伯拉罕注册页文案[1]

在这里，我将向你介绍12种转换策略，将倍增你的收益。介绍25种独立的方法，为你、你的事业、你的老板创造更多现金……无须任何投资，不冒任何风险。还有42种独特的增收策略及相关资源，帮助你在恶劣的经济里逆流而上。

好的，杰。我[2]想参加。

在这次免费、即学即用、高效实战、高层次的“财富发现”会议里，你将通过电话主讲2个小时，主题为《如何创造衰退时期的多种收入流》。它将帮助我、我的事业、我的老板在未来几年的时间里持续发展。

我知道你是这个星球上最棒的人，你提出了众多经过证验

---

① 原文地址 http：//www. mastersofrecessionaryincome. com/call/。
② 从此处开始，正文以第一人称“我”来写，指代“浏览者”。

的、快速见效的、安全的、不花钱的方法，可以把衰退变成超速增长。

我了解，你设计并优化出“12 种切换思维”，可以为我们在衰退期里打开充满商机与可能性的全新世界。我还进一步了解到，你开发了 25 种独立的方法，帮我们发现衰退时期的增收机会。

此外，你还开发了 42 种“衰退逆转”方法，可以帮助我、我的家庭、我的事业、我的老板，以及其他老板。

尽管事无绝对，但是，你将在电话会议里告诉我们的这些概念、思路、策略可以真正帮助到我，增加收入，改善现金流，并立竿见影。更重要的是，这些方法尤其适用于衰退时期。

独一无二、货真价实的“财富发现会议”会给我全新的视角，理解为什么会有这么多被忽视的商机、隐藏的利润……即使是在衰退时期。你会向我解释，像我一样的人如何快速、安全、轻松地发现、掌握大量的让人“惊喜的商机”。

这次会议将帮助我思维聚焦，理清头脑，指引我的行为，抓取所有的财富果实。

然后，你会利用剩余的时间来解释 42 种不同的战略、25 种执行方法。你会备以大量的成功案例让我们借鉴。

最后，我会由衷感谢你帮助我理解衰退时期财富的快速创造之术。

我真的很感谢你，为我准备的这场电话会议——没有任何收费，不需要一分钱。

我知道，这样高质量、高可行性的“知识盛宴”，你却不收一分钱，这是很难想象的。

由于每1000个人之中，仅有1个人会抢到这样的机会（因为已有250000人在等待这次机会），所以，我完全同意并承诺：如果我被选中的话，我一定会准时出席这场会议，在整个2小时之内，我都会守候在电话旁，认真学习。

我了解你的知识的含金量，对于2个小时来说，必定物超所值。所以，我明白，如果我幸运地被抽中，可以参加这次电话会议的话，那就意味着，其他同样热情期盼的人，只能错失良机。

所以，我向你保证：杰，我不会缺席！

我不会迟到。我不会早退。

你会让我体验2小时的信息财富，这是你的承诺。因此，我也会遵守我的承诺。准时出席，全程听讲。

最后：我知道，2个小时电话会议的结尾，你会提出一个有吸引力的提议：我可以追随你身边，参加为期13个月的高级指导，以便深入应用你在“财富发现会议”里分享的知识。

我不必承担任何责任——只要参加 2 个小时的免费会议，学习每一种精彩的技巧就好。

但是，如果我想在你的个人指导之下测试这些技巧的话，在电话会议之后，你将向我提供一种不可抗拒的合作方案：头 3 周指导，完全免费。

当然，首先，你希望我参加这次电话会议——只要我被选中。

为公平、公开起见，我希望你提醒三次：会议前一天，用 E-mail 通知；当天上午，用电话通知；被选定时，用电话通知（家庭电话、手机或办公电话）。

所以，我将提供必要的联系信息，提交注册信息后，你可以验证这些信息的真实性。

如果我忘了，我希望你给我提醒，不要让其他更热情的家伙“偷走”了我的机会。

面对这次难以抗拒的机会，请让我报名本次电话会议吧，一定选中我！

下面是我的信息：

联系信息（* 为必填项）：

姓 *：______________

名 *：______________

E-mail 地址 *：______________

电话：____________________

接收短信通知用的移动电话：____________________

电话会议时间

选择一个：☐ 3 月 28 日，周三，下午 5 点

☐ 3 月 22 日，周日，下午 5 点

附录2　杰·亚伯拉罕产品销售文案[1]

好的，杰。让我[2]参加为期3周的免费测试指导课程吧。我知道，这门全新的课程是为像我一样，热切希望学习在经济恶劣时期获得“多重收入流”技巧的人所准备的——却无须我投资一分钱。

我知道，在3周免费体验期里，我要参加2次时长90分钟的指导会议。你会像已经正式报名参加13个月完整培训的人一样指导我。

在第一期指导会议里，我将发现最好的、最容易获得的财富机会，学会如何以最简单的方法从中掘金。我还将发现其中最具赢利潜力的杠杆借力点，任何生意都可以为我所用。

我还会学到一种基础性的商业思维，专注于构建稳固而可信

① 原文地址：http：//www. mastersofrecessionaryincome. com/。

② 正文以第一人称“我”来写，指代“浏览者”。

赖的事业基础。

除此以外，你还将帮助我制订行动蓝图，指导衰退期增收行动。所有的这些，都出现在头两次“免费体验会”上；跟你一起，杰。

你将通过前两次的指导会议，来激发灵感、鼓励斗志，向我们展示在经济低迷的时期，仍可能收获大量的资源与收入——关键就在于：实施正确的策略及计划。

你将向我证实：使用在“财富发现课程”上讲解的知识，于现在的衰退期里增加收入，会比在经济高涨期更加容易。

登记参加“免费体验会员”之后的72小时之内，我会立即收到一份私人访问密码，从而进入拥有2000页财富知识的信息宝库，这是杰收集到所有的支持性的、指引性的、值得信赖的、成效显著的知识材料。

但是，这个大容量宝库仅是我将收获的海量参考、学习材料汇编的一小部分。

我将收到关于“联盟促销”的400页的文稿课程，13小时的“强力伙伴”音频课程，6张CD讲解“创新”，一张DVD告诉我，如何在各种交易之中，变得更有权威、更强有力、更有统治力及说服力、更加成功！

我还将收到一份标题为“你的秘密财富”的手册，教我如何运作思考的力量来发现商机。还有近1500页的解说详细、思路清晰、附上注解的案例集，说明了各种行销技术、概念、策略……都是你将在13个月的课程里详细介绍的。

我还将收到4部分构成的语音课程“以物易物创富”，还有12期私人咨询会汇编。在里面你会把指导过程中讲到的创富概念模型化、案例化，里面有336个具体案例、成功故事。

此外，还有更多惊喜会加到课程里面，以便于学习，更加可行、更快成功。

在三周“体验期”的最后，我可以选择继续完成剩下的12个月指导——否则，我可以当场退出，而无须补偿什么。

我明白，报名“免费体验期”时，我需要提供有效的信用卡信息——以表示我的诚挚。这样可以避免在体验期时没有如约退回你寄过来的实物资料，而是继续使用的问题；同样，如果我决定继续保留资格，参加后续完整的课程，那么信用卡也可以保证实现长期支付。

如果我如你所愿，参加3周体验课，我会在课程进行中始终如一、热情高涨。你只需要每个月从我的信用卡里扣费即可，于月初扣费。从第二个月起，每个月扣350美元。

我明白，这些资料汇编的价值，远远超过我的投资——每次90分钟的私人指导会议更是价值7500美元。

我相当于收获了150000美元的回报——而我如果保留完整课程资格，只需要投资不超过3%的学费。

为了让报价更有吸引力，我也愿意一次性付清学费——只要我决定保留资格——那是超过450美元的折扣——这完全是我自己的选择，只要我完成3周的免费体验。

但是，我现在什么都不必做，只要参加你主持的2期指导课即可。我不用花一分钱就可以收获你寄过来的各种参考资料——这样，我就可以公正地评价你，以及你的课程到底怎么样。

当然，虽然我更愿意参加前2期90分钟的指导电话会议，但如果我时间不方便的话，也可以直接从会员区里下载并重听录音。这样便于时常温习。

面对这种“比零风险还好”的高含金量、完全不需要一分钱首付的、难以抗拒的提议，我真的无法说“不”。

因此，请把我招募进去吧。如果2期指导之后我完好无缺地退回所有的材料，我会给你们打电话，要求取消资格。你就不会多要我一分钱。

下面是我的重要信息

联系信息（＊为必填项）：

姓＊：________________

名＊：________________

E-mail 地址＊：________________

电话：________________

接收短信通知用的移动电话：____________________

产品购买计划

杰·亚伯拉罕"衰退期增收大师"

□ $1 今天 和 $3750.00 在 30 天内

□ $1 今天 和 30 天后开始的 12 次支付，每次 $350.00

我同意 □ 我已阅读、理解并同意本课程描述的条款。我明白，我今天将被扣除 1 美元，以示预定。我也清楚，如果我选择退出，我必须于从本课程开始后的 30 天内，美国东部标准时间下午 5 点 30 分以前，通过 Email（support@ strategicprofits. com）通知。取消之后，我就不必对本课程承担任何责任，而且会收到退款。如果我没有在风险逆转期内通知你，那就意味着我同意本协议。美国国内订单要附加 20 美元（国际订单附加 50 美元）的配送、包装费。

附录3　中医开店创业促销文案

亲爱的朋友：

我是刘治平。今天，我将跟大家分享“零投资中医开店创业”技巧，教大家实现：即使从没有学过中医、即使没有任何投资，也可以开一家年赚6位数人民币的“中医诊所”。

在开始之前，我要先请出一位神秘嘉宾——李平——他是我上期的客户，他使用“零投资中医开店创业”技巧，在上个月里，零成本投资，赚到了20000元。

他的故事很有借鉴性，先请大家读读他的成功经验。

(李平的案例此处省略)

下面，就让我从李平的案例里，来分析“零投资中医开店创业”最与众不同的地方。

一、破除旧观念

首先，我要问大家，创业赚钱，是容易，还是困难？

是的。很多人都跟我说：刘医生，创业失败率太高了，我干了两年，不但没赚到什么钱，反而赔了几万元。

我问他：你是怎么干的？

他说：很简单，就是开了个小餐馆，每天等待客人上门。

我跟他说：哦，怪不得。

你感觉赚钱难，不是因为钱本身难赚，而是因为你找错了工具！

设想一下，同样是上山，是走路快，还是坐缆车快？

直觉告诉我们，一定是坐缆车快！

坐缆车不但快，而是还轻松。只要进入车厢，然后一按电钮，人就随车升上了山顶。前后不到20分钟的时间。

但是，如果是走路的话，你不但要付出大量的体力，而且，至少也要走1个小时！

不但累，而且花时间！

坐缆车与走路之间的差别，就是穷人与富人之间最大的差别，那就是——工具！

正因为有了缆车这个现代化的工具，所以，我们可以用最小的付出，获得最快的回报。

而没有了这个工具，你即使再努力、再拼命，也是收获有限。

所以，人与人之间的差别，就是工具选择的差别！

那么，我想调查一下，各位朋友，对自己目前的创业工具，感到满意吗？

如果你也有一些不满足的话，请务必认真听我讲完……

下面，就让我们结合李平的案例，来分析一下“创业取决于工具”的意义。

二、为什么要选择本行业或本产品类型

我们都知道，李平是通过“中医开店”赚到的钱。

所以，才如他所说：每个月可以赚到过去10倍的钱。

亲爱的朋友，如果你看过中医，你应该明白：中医的成本高不高？

对了，不高！

为什么呢？

因为，中医主要靠推拿、熬中草药来看病。

请问，推拿的医生，他有什么实物成本？

不错，几乎没有！

即使算了中草药、膏药，他的成本也低得很。

告诉大家一个真实的情况，在我们从医的经验中，其真正的

成本，一般不到价格的5%。

这意味着什么呢？

你花100元钱看中医，其中，真正的实物成本，只需要5元钱！

所以，剩余的95元，都是毛利。

相反，如果你选择去网上卖衣服、卖皮鞋、卖化妆品……你应该明白，这类商品几乎都是价格透明的，顾客才不管你是谁，他只关心谁的价格低。

于是，卖家只能靠低价格来吸引顾客。

那么，同样卖100元的衣服，卖家能赚30元，就算不错的了。

我有一个朋友，他提供定制服装服务，他说，即使是定制服装，利润也不高。一件100元的衣服，最多能赚20元。还要承担退货、换货、客户服务等麻烦与风险。

因此，中医的利润空间高，是李平创业成功的第一个条件。

大家明白了吧？

第二方面，中医的医生品牌很重要。不容易形成竞争。

请问，有两位医生，都是中医，一个50岁，一个20岁，两个人收费一样，你更可能选择哪一位？

不错，大多数人会选择50岁的老中医。

为什么呢？

因为，中医很讲究经验，普通年轻人往往没有太多经验积累——这是众所周知的常识。

所以，中医往往很讲究个人品牌，所谓越老越吃香。

这样，就不太容易形成竞争——因为，同一个城市，很难存在两位完全一样的中医，年纪一样、经验一样、特长一样、口碑一样——这是几乎没有的。

所以，即使同样的治疗效果，但是，不同的中医要价差别很大。而且，顾客也会认为这是“理所当然”。

不同的医生之间，很难互相比较。所以，不用怕竞争。

相反，我们再来看看衣服。

现在的服装市场，到处都是雷同的款式、相似的面料……一阵“韩流”袭来，大街上都是相似的衣服在出售。

这当然不可避免地会出现竞争。

竞争所产生的最大问题，还不是“利润空间小”的问题，而是“无法持续消费”的问题。

而你一旦了解并接受了某个中医的服务，你往往会持续跟他看病——这就是低竞争所带来的持续消费的好处。

那就意味着，李平成交一位顾客，以后这位顾客还会持续来看病，李平就可以持续赚他的钱——所以，李平未来的收益就会非常稳定。

付出一时，受益一辈子，好不好？

那么，李平使用的，就是“零投资中医开店创业”的知识与工具，有兴趣了解更多的，请马上读下面的内容。

三、我的产品在本行业里有什么相对优势

实际上，我们“零投资中医开店创业”，就是源于中医这个特殊行业的。而且，还具备普通中医所不具备的特色。

1. 收益高

普通的中医，看的都是一般的腰肌劳损、颈椎痛之类的病。这类的病，很常见，却不太容易赚大钱。

治疗一次，也就 100 元、200 元的收入。

而“零投资中医开店创业”主治的是“乳腺增生”，这种病，每次治疗的费用都在 1300 元以上——根据我们这里的费用标准，全国其他地方的也应该差不多。

所以，我们的收益能力比普通的中医项目要高 10 倍以上。

换句话说，李平治疗一个“乳腺增生”的病人，收入是普通颈椎病人的 10 倍以上。

这是第一个好处，收益高，赚得多。

2. 患者多

你也可能会说，“颈椎病人多，乳腺增生病人少”。

呵呵，你错了。

让我告诉你一个大多数人不知道的秘密吧。

在普通城市女性群体之中，乳腺增生的发病率高达40%；在上海等大中城市里，发病率更是高达50%。

这意味着，每2个成年女性之中，就有一人是李平的潜在顾客。你说，这个市场空间大不大?

也就是说，中国乳腺增生的潜在患者高达2亿多。按每个人的治疗费用是1300元来算，你自己算算这个市场有多大?

除了市场大之外，“零投资中医开店创业”更厉害的一点就是：它使用“点穴治疗法”。

通过一套祖传的“五行中医点穴手法”，可以在30分钟之内，让乳腺小叶增长、肿块立即消失。

什么叫“立即消失”，就是指病患当天治愈、当天康复!

你可能感觉不可思议。

是的。我最初也不太相信。

当年，我跟那位神秘的老中医学习的时候，我交了5万元钱的学费，但同时带着一个女病人上门。

老中医跟我说：如果30分钟之内，肿块不消失，我不但不收你一分钱，我还倒给你1000元!

我当时还是半信半疑，直到28分钟之后，不可思议的事发生了。那位女患者的肿块真的一点也没有了。

我当时就彻底服气了，于是心甘情愿，拜他为师。

四、回报价值及可行性分析

我学会之后，直到现在，也是这样跟我的学员说——我的学员，就是指那些学习“五行点穴法”的学员。

我跟他们说：这套手法已有100多年的历史了，祖宗的东西，很多都失传了。幸亏这套“五行点穴法”保留了下来。

它可以帮助不计其数的女性，在30分钟之内解决病痛，不打针、不吃药、不动刀，没有什么副作用——看上去，只是轻轻按摩了几下，但效果就是这么神奇。

你们上门来学的时候，如果不相信，可以带一个患者来。我亲自给你做示范，如果在30分钟之内，肿块不消失，我不收你一分钱学费，反赠你1000元钱。

各位亲爱的朋友，请问国内敢做这样承诺的人多吗？

这样，对于那些学习“五行点穴法”的人来讲，有没有风险？

对了，来学习的人没有任何风险——因为都是先看效果，再来学习，包教包会；学会之后，可以回家乡开中医诊所赚钱，也可以跟别的诊所合作来赚钱。

当然，你一定关心，所有人都可以学会吗？没有任何中医基础的人也可以学会吗？

在这里，请大家放心——老祖宗的法宝，真的不可思议。这套点穴手法，任何人都可以很快学会。

医生、护士、按摩技师，甚至是普通个人，都可以学。有中医基础的，1 天之内就可以学会。

没有中医基础的，3 天之内也可以学会。

而他们回去之后，按一天治疗一个病人计算，每个病人收费 1500 元，他个人存留 1300 元，交 200 元给挂靠的科室，或是做广告成本。那么，他一个月就至少可以赚到 3 万多元钱。

一年就可以赚 30 多万元。

亲爱的朋友，仅靠一双手，没有任何风险、无须其他实物投资，一年就可以赚 30 多万元，远远超过了普通人的收入。

大家说，这样好不好？

你们可能会说，学会之后，真的可以一天收治一个病人吗？

呵呵，当然可以。

让我给你讲一个案例。

我那天把“五行点穴法”信息，随口跟邻居说起，第二天，他就领着他老婆找到我，我给她治好后，过了一周，他老婆就介绍了 3 个女同事来找我……

说实话，我几乎没有做什么宣传，完全是靠口碑，每个月都有 30 多个人找上门来。

如果我要在本地报纸上做个广告，搞个促销，呵呵，那更是了不得。

各位朋友，有兴趣想了解“五行点穴法”的，务必要注意，我下面介绍的信息，非常重要！

五、报价及成交设计

我的“五行点穴法”学费，是39800元——这是我的老师要求的，我没有办法降价，毕竟是百年的中医秘方，我们必须尊重它的价值。

虽然有点高，但是我们知道，投资了39800元，就可以锁定一年30多万元的稳定收入。

学会了“五行点穴法”之后，你一个病人收1300元，收治30个病人就可以收回投资——也就是说，一个月就可以收回投资了。

千万别忘了，“五行点穴法”不打针、不吃药，仅靠按摩，30分钟见效；它完全没有任何风险、没有任何痛苦、没有任何副作用。

你学会之后，就跟患者说：30分钟见效，否则免费。这个广告语是让任何患者都难以抗拒的。

所以，你很容易成交，一个月找30个患者太容易了。所以，39800元的投资，快一点1个月就可以回收，慢一点儿3个月也足够了。

更重要的是，掌握了“五行点穴法”，你就可以零成本、零风险创业，而且，走遍全国都可以赚钱。

当然，可能很多人会表示学费太贵了！

所以，接下来，我要介绍一个“一生一次”的优惠机会，请你一定要认真听好。

如果你是本次前10位报名者的话，你并不需要一次性支付所有的学费，你可以分期付款。

你第一期首付9800元，我把所有的方法都教给你。从第二个月开始，后面3个月里，你每个月月底之前再支付1万元来补偿学费。

但一定要记住，仅限10位，只有极少部分最有行动力的人才能抢到本次的机会。

而且，请大家放心：如果你在学习30天内，感到不满意，我们将100%退款。大家没有任何风险。

这种“首付9800元，后续3个月分期支付1万元”的做法，有三大好处：

第一，降低了大家的经济负担；

第二，可以享受到我们的后续指导，保证随时解决各种疑难问题；

第三，收益有保证，风险由我们承担。

六、行动呼吁

30分钟见效，一年30万元收入潜力的“五行点穴法”第一次招生。原价39800元。

本周之内只收10个学员，请有兴趣的学员立即发送微信消息给我，我的微信号是××××××，消息里一定要注明你的姓名、收信地址、邮政编码。

收到消息之后，我们将回复您，以示报名成功。然后，我们明天将把“五行点穴法”的学习材料直接寄送到你手中，你把首期学费直接交给物流公司的快递员即可。

注意：大家只有7天报名时间，只有前面10位报名的人，才有机会参加年赚30万元的“五行点穴法”学习、首付9800元的机会，仅此一次。

报名之后，接下来，就是长达3个月的在线辅导——我会持续指导大家，不但学会手法，也要学会成交患者的技巧。

好了，本次分享到此结束，如果您感觉本文章不错，请转发到朋友圈，帮助更多的朋友……

后　记

亲爱的读者：

由移动工具所开启的微店时代，是个颠覆过去的营销革命时代，所以，中国企业家们需要放下过去的知识与经验，满怀空杯的心态来学习它、应用它。

我们已经开发了一整套完备的课程体系来帮助企业家深入学习“微店营销”系统，每个月都有数以千计的企业家在我们的面授课堂上深入学习。

您在学习及实践微店过程中，有什么疑问，欢迎联系我们。我们已经开创了一系列的微店工具及知识，可以帮您快速搭建微店系统，并指导您开展微店营销。

如果你们在学习过程中有任何疑问，欢迎直接跟我联系，我的私人微信号是“wangzijie8888”，微信二维码名片如下：

我愿意跟大家一起交流，一起探讨，共同开创微店时代的商业新模式……

我是王紫杰，本书并没有写完，因为更精彩的内容，是你的成功案例，大胆实践吧，期待与你在微店时代的巅峰相会……

王紫杰

2013 年 6 月